パラリンピックと日本人

アナザー1964

稲泉 連
Inaizumi Ren

小学館新書

新書版のためのまえがき

　二〇二〇年に開かれる予定だった東京でのパラリンピックは、新型コロナウイルスの流行によって延期された。それから一年後の夏、八月から九月にかけて無観客で行なわれた大会をテレビの前で観戦しているとき、私は一九六四年と二〇二一年の東京大会という二つの「点」が、五十七年間という歳月を経て、どのような「線」として結ばれるのかを見届けるような気持ちでいた。

　本書は二〇二〇年に出版された『アナザー１９６４　パラリンピック序章』を、新書版での再刊に際して改題した一冊である。本文中で詳しく見ていく通り、東京で「一九六四年のパラリンピック」が開催された当時、日本には「障害者スポーツ」という概念はほぼ存在しなかった。また、現在のパラリンピックの源流の一つであるこの国際大会は、戦争や事故で脊髄損傷となった車椅子の人を対象としていた。

参加者は世界二十二か国から三百六十九人、そのうち日本人選手は五十三人。ほとんどが国立箱根療養所や国立別府病院など、施設や病院の〝入所者〟や〝患者〟で、それまで競技の経験はなかった。そもそもこの頃の日本では街で車椅子に乗った人を見かける機会もほとんどなく、障害者の人々が社会の中で仕事を持ち、「自立」した生活を営むための社会的な仕組みもなかった。そんな彼らが「スポーツ」をするということは世間一般には考えられておらず、それが「リハビリ」に有用だという理解もなかったため、「障害者にスポーツをさせるなんてかわいそうだ」という意見さえあったという。

そんななか、当時の出場者たちがパラリンピックの開催を知らされたのはほんの一年前、人によっては半年前に出場を打診された青天の霹靂《へきれき》のような出来事だった。

例えば、日本代表として出場した二人の女性選手のうちの一人は、「わたしはね、あんまりパラリンピックみたいなところには行きたくなかったのよ」とインタビューを始めてすぐに口にした。「怪我をしたことだってまだ受け入れられていなかったのに。（中略）人前に出るのが嫌で嫌で、そんな恥ずかしいことしたくない、っていう気持ちでしたよ」（本書九十四頁）。

二〇二一年の東京大会で銀メダルを獲得した車椅子バスケ日本代表。（写真：時事）

選手たちの多くはときにこのような思いを抱きながら、参加する競技の練習を少し行なっただけで、人里離れた療養所から東京の会場へと向かったのである。

それから五十七年の時を経て、二〇二一年に再び開催された東京パラリンピック――。

この大会には様々な印象的な場面があった。そして、一九六四年のパラリンピックについて取材した私にとって、とりわけ強く胸に残ったのは、史上初の銀メダルを獲得した車椅子バスケットボール日本代表の活躍だった。

日本代表はキャプテンの豊島英《とよしまあきら》選手、ドイツの車椅子バスケのプロリーグ「ブンデスリーガ」でプレーしていた香西宏昭《こうざいひろあき》選手、漫画『SLAM DU

NK』の登場人物になぞらえ、「車椅子バスケ界の流川楓《るかわかえで》」とも呼ばれた鳥海連志《ちょうかいれんし》選手などが素晴らしい活躍を見せ、いくつもの激闘の末に前回リオ大会の王者・アメリカとの決勝戦まで勝ち進んだ。海外のチームとは「高さ」で劣る日本代表は、ヘッドコーチの及川《おいかわ》晋平《しんぺい》氏のもと、リオ大会以来重視してきた「トランジション・バスケットボール」の戦術で視聴者を魅了した。

流れるようなチェアワーク、片輪を上げてのディフェンス、腰の力での方向転換やリバウンド……。

実況では「道を作る」という表現が使われていたが、攻守の切り替えの際にいかに相手の動きを先回りして抑え、ゴールに向かっていくかというその戦略には、まさに実況の言葉通りの「道を作っていく」という華のある迫力があった。

車椅子バスケットボール日本代表のパラリンピックでの成績は、二〇〇八年の北京大会では七位、二〇一二年のロンドン大会、二〇一六年のリオ大会ではそれぞれ九位。それまでは決勝リーグに進むことはできていなかった（二〇二四年のパリ大会では、残念ながら男子代表は出場を逃した）。アメリカとの決勝にコマを進めたことは、日本の車椅子バスケットボールの歴史において快挙とも言える出来事だった。
大会後、週刊誌でドイツにいる香西選手へのオンラインインタビューの機会があった。
その際、香西選手は二〇二一年の東京大会について、次のように語っていた。

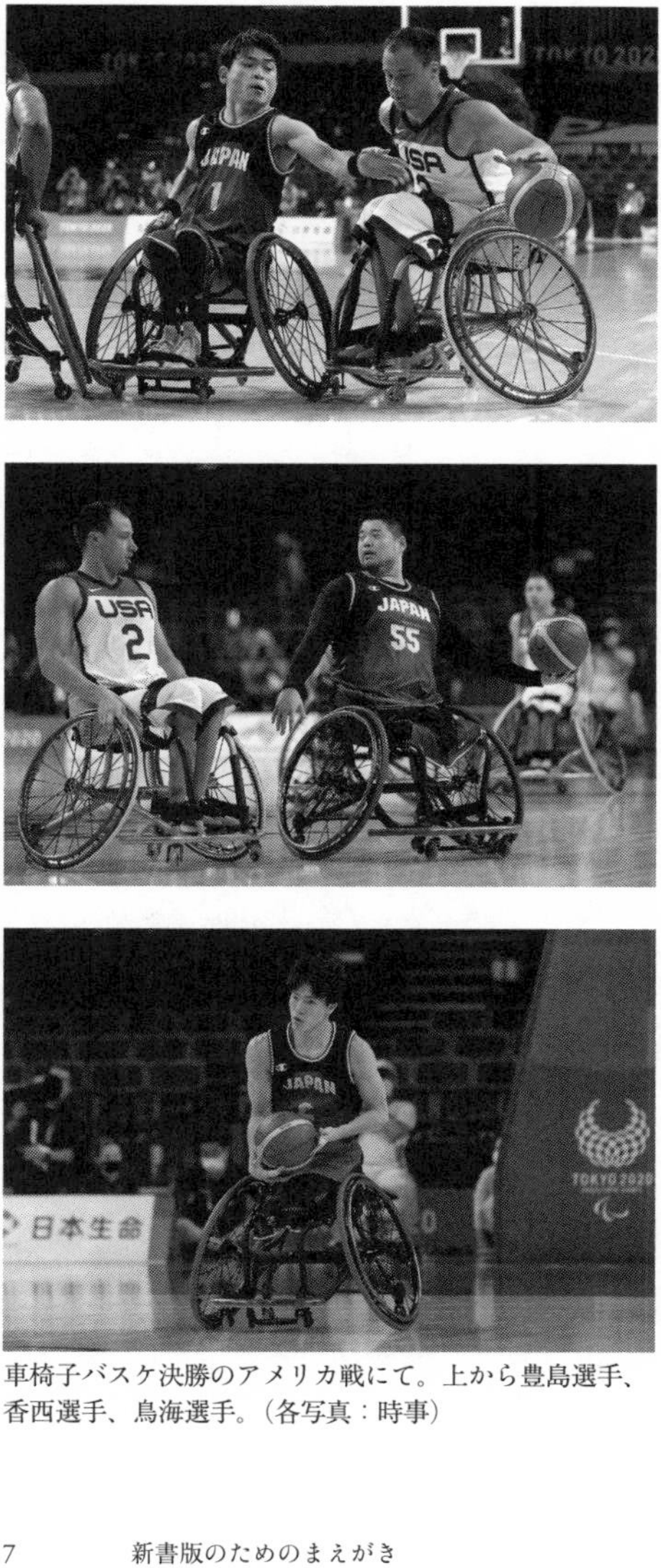

車椅子バスケ決勝のアメリカ戦にて。上から豊島選手、香西選手、鳥海選手。(各写真：時事)

「この大会で、僕ら日本代表は初めて『勝ち進んでいくチーム』として、パラリンピックという大きな舞台を戦うことができました。

『負けていくチーム』は試合をすればするほど、どうしても落ち込んでいってしまうところがあります。一方で勝ち上がっていくチームにいると、各々の選手の『オン』と『オフ』の切り替えが上手になっていくものなんです。

試合になると一気に集中して、終わればリラックスする。そのメリハリの中で、大会の流れに乗って決勝まで進んでいったような感じがありましたね。

そして、僕らの車いすバスケットボールが、勝ち進むほどに対戦チームから認められ、『俺たちの分まで頑張ってくれ』と背中を押される。たくさんのボランティアの方々、テレビで見てくれた多くの人たちにも支えられながら、最後にアメリカと金メダルをかけた試合ができたのは本当に光栄でした」(『週刊文春』二〇二二年一月二〇日号)

この言葉を聞いたとき、私は本書の取材で知った風景を思い出さずにはいられなかった。

一九六四年の東京大会の際、日本には競技に使える車椅子がなく、日本の選手たちは医師の中村裕《ゆたか》が海外から調達した車椅子で試合に臨んだ。車椅子バスケットのルールブックが

一九六四年の東京大会での車椅子バスケ、アメリカとの対戦。
（提供：浜本恵子氏）

届いたのも大会の直前だったという。そして、当時、総当たり戦でアメリカチームと対戦した一人は、取材の中で次のように振り返っていた。

「競技で印象に残っているのは、そのバスケットでアメリカと試合をしたときかな。日本チームは弱くて、一試合に六点くらいしか取れなかった。相手は三十点、四十点ですよ。それで、アメリカのチームは見るに見かねて、ついにゴール前を空けてくれたんです。軽くシュートを打ってみろ、とスペースを空けてくれたんですね。でも、こちらはそれでもなかなかシュートが決まらないくらいでねェ。あの頃はポジションも何もなくて、ただボー

ルを一生懸命に運んでいる感じでしたよ」（二百三十五頁）

日本での車椅子バスケットボールは一九六四年のパラリンピック以降、療養所などから社会に出た出場者たちを中心に、各地の施設や企業などでクラブチームが作られていった。日本車いすバスケットボール連盟が結成されたのは一九七五年。その原点の一つとなった「一九六四年のパラリンピック」の光景を思うとき、二〇二一年の日本代表の活躍は、五十七年という歳月をまさに「線」として鮮やかにつなぐものでもある気がした。

一九六四年の大会ではわずか五日間という開催期間の中で、参加選手たちは全身全霊で様々なことを吸収した。その中で海外の障害者の暮らしを知り、日本と欧米の障害者に対する社会の捉え方や環境の違いに気づいていった。

当時のパラリンピックの最も大きな意義は、そうした経験をした出場選手やボランティアとして集められた語学奉仕団、医療関係者の中から、日本の障害者をめぐる環境を変革しようとする人々が生まれていったことにあった。

選手の中には行政の一員として働き始め、街のバリアフリー化などに影響を与えた人、本格的なバリアフリー住宅を日本で初めて作った女性、療養所から集団就職のように就職した工場の劣悪な労働環境を変えるため、労働運動を始めた人もいた。どの場所にも困難な現実が待ち受けていたが、彼らはそれぞれの形でモデルケースのない道を歩み始めた。そして、車椅子バスケットボールの日本での普及も、この大会の後に社会に出た脊髄損傷の人々から始まったものだった。

彼らは大会に参加したことで、結果的にそれぞれの人生が大きく変わるほどの刺激を受けた。その最も大きな「体験」が外国人選手たちとの交流だった。

昨日まで療養所や病院にいた日本人選手たちは、誰もが痩せ気味で、終始うつむきがちだったという。一方で欧米の選手たちは押しなべて明るく、上半身の筋力がたくましく鍛えられ、専門職に就いている者も多かった。五日間という大会の開催期間を通して、日本人選手たちは自信に満ちた彼らの振る舞いの背後に、欧米と日本の障害者政策や環境の違いがあることを知った。

本書ではそうした出場者たちの人生に加え、現地で外国人選手のアテンドを担当した元祖ボランティアとも言える前述の「語学奉仕団」、日本にパラリンピックを誘致した中心人物である医師の中村裕の生涯、大会を開催前から陰で支えた美智子上皇后の秘話など、当時のパラリンピックの姿を様々な視点から描いている。そして、それは二〇二一年の東京大会、そしてパリ大会という「今」につながる、日本における障害者スポーツの土台を作った人々の物語でもある。

今やアスリートたちの高レベルな競技となったパラリンピックは、どこから来たものなのか。その「源流」にいた人々は何を思い、どのように行動したのか。その物語を辿《たど》ることは、日本の戦後史の中で語られてこなかった一面を、確かに照らし出すことでもあると思っている。

パラリンピックと日本人

目次

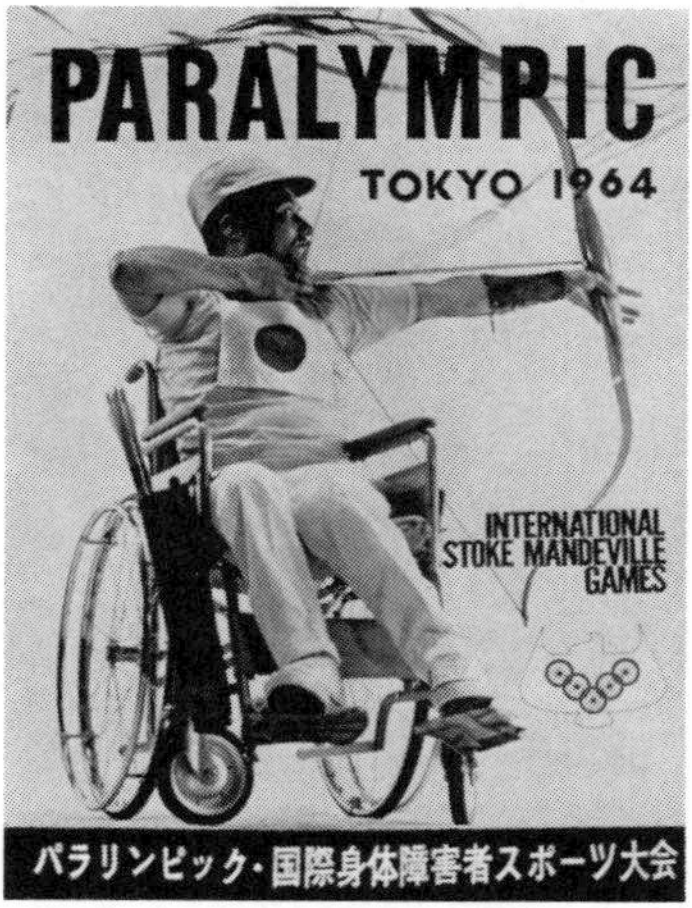

当時のポスター。撮影には国立箱根療養所の出場者が協力した。

これは一九六四年のもう一つ《アナザー》の物語である。

序章　ハシ先生と美智子妃

一九九五（平成七）年十月六日未明、東京・世田谷区の閑静な住宅街の老人ホームで、ひとりの女性が誰にも看取られることなく息を引き取った。

彼女の入居していた施設はカトリックの修道女会が運営していた。何本もの欅《けやき》が植えられた広い敷地はまるで森のようだった。回廊式の建物の窓からは庭の木々や草花の緑が見え、春になれば中庭の桜が入居者の目を愉《たの》しませた。

結婚はしたが子供のいなかった彼女の最晩年は、一見するとさみしいものだったかもしれない。だが、その八十六歳での死が伝えられると、翌日には彼女と縁のあった大勢の人々が、施設の集会室で行なわれた通夜に駆け付けた。

それは「ハシ先生」と呼ばれた彼女の弟子とも言える人々であり、そして、その集会室に置かれた弔花《ちようか》の一つには、彼女を姉のように慕ったとされる美智子皇后（現・上皇后）が、女官長を遣《つか》わして届けたものもあった。

女性の名を橋本祐子《さちこ》という。

橋本は一九〇九年、清《しん》国の上海《シャンハイ》にあった英国租界で生まれた。父が日清汽船の役員であった彼女は、幼少期を外国人の中で過ごした。日本女子大学英文科を総代として卒業し、この女学校時代に東京市主催の懸賞論文で一位を取るような才女であった。

大蔵官僚の妻となった彼女は、夫が北支那開発の重役になったのを機に大陸へ渡り、終戦を北京で迎えた。翌年の一九四六年五月に佐世保に引き揚げた後は、しばらく英語の教師として働いたという。大陸からの引き揚げ船の中では寒さに耐えるため、乗船者から風呂敷を集めてテントを作った、とこの頃からリーダーシップを発揮したという逸話も残されている。

彼女のキャリアを決定づけたのは一九四八年、北京時代の知り合いだった日系二世のアメリカ人の夫人と、東京・新橋でばったり再会したことだ。女性に米国赤十字社を紹介され、当時、その指導下にあった日本赤十字社の嘱託職員となったのである。

スイス人の実業家で、第一回ノーベル平和賞の受賞者であるアンリ・デュナンの提唱で設立された赤十字は、戦争や災害時において人道支援を行なう国際組織である。デュナンの言う「人の命を尊重し、苦しみの中にいる者は、敵味方の区別なく救う」という精神に、橋本は当初から強く惹《ひ》かれた。

当時、民主主義という新しい体制とアメリカによる占領下と新憲法のもとで、日赤は戦場における救護・医療というこれまでの役割から、国民のための平時活動を主体とする団体へ変わろうとしていた。租界育ちで英文科出身の橋本は進駐軍に語学力を買われ、日赤での立場を築き上げていく。

その頃、橋本は東京・雑司が谷の母の家に、妹やその家族などとともに暮らしていた。それは雑司ヶ谷霊園がまだできる前、周囲に広がるカボチャ畑の一部を借り、父が建てた豪邸だった。建築は和洋折衷《わようせっちゅう》の洋館風で、玄関も外国人向けの洋玄関、日本人向けの和玄関の二つに分かれていたほどだった。

子供の頃から彼女と同じ家で暮らした姪の齋藤明子は、「年がら年中、外国人が出入りしていましたね」と振り返る。

幼い頃は――おそらく赤十字の関係者なのだろう――アメリカ人の来客が多かったが、終戦から時が流れるにつれて国際交流が盛んになると、次第にタイやマレーシアなどアジア諸国の客も増えていった。

「伯母はほとんど家にいない人で、家事もしないので自分のことを『奥様』ではなく『お外様』と呼んでいました。奥に引っ込んでいる人ではなく、講演会やパーティでもとにかく目立っていました」

と、彼女は言う。

国際会議でも全く物怖《ものお》じせず、派手好きで、和服でも真っ黄色の生地などを好んだ。その様子からは「目立つのは良いことだ」という価値観を感じた。橋本は八人きょうだいの長女で、妹たちが名前で呼ばれているのにもかかわらず、一人だけお手伝いさんから「お嬢様」と呼ばれていたともいう。

そんな橋本が日赤の中で心血を注いだのが「青少年赤十字」（JRC）の活動だ。

日赤の職員となった当初、彼女は衛生や栄養についての啓発活動をしていたが、一九五一年にドイツを訪れると、青少年を対象とした社会教育団体を束ねる「中央青少年団体連絡協議会」の創設に加わった。その後は日赤の青少年課長となり、全国の高校生を集めたセミナーを精力的に行なうなど、「奉仕」や「国際交流」に携《たずさ》わる若者の育成に力を尽くした。

彼女の人柄を表すエピソードで極めつきと言えるのは、一九六八年に総理府が主催した「第一回青年の船」でのものだろう。この催しは東南アジア七か国を巡る国際交流企画だったが、行政側は〝不純異性交遊〟を懸念して参加者を男性のみとした。これに猛烈に抗議したのが橋本で、当時の首相であった佐藤栄作に「青年とは男と女から成っているものでしょっ」と直談判して女性の参加を認めさせ、自らも副団長として参加したのである。

橋本の「門下生」の一人として国際交流の様々な現場で活躍し、通夜・葬儀で司会を務めた吹浦忠正《ふきうらただまさ》は、彼女との出会いを次のように語っている。

「ハシ先生を初めて見たときは、そりゃ、もう、おったまげましたよ」

秋田の公立高校で青少年赤十字の活動をしていた吹浦は、県の代表として伊勢市で開かれた「青少年赤十字スタディセンター」に派遣された。そこで出会ったのが橋本だった。

「めちゃくちゃ声が綺麗な人でね。何しろ一九五〇年代の秋田の田舎の高校生ですから、僕は日本人が英語を話すのをそのとき初めて聞いたんです。当時も今もあんなに英語で説得力のある話のできる人は見たことがない。それなのに『私は英語なんて上手くないわよ。日本語の方が五倍は上手いんだから』と言う。とにかく先生の喋《しゃべ》りは人を惹きつけました。もちろん、その裏でものすごく努力しているのも私は知っています。ハシ先生を一言で表すなら、たぐいまれな人、というのかな。毎日、メモをして、そのメモを日々整理して蓄積をしているような努力家でもありました」

往時の青少年赤十字のメンバーの多くは、この吹浦のように橋本から強い影響を受けた。その中から、国際交流や障害者福祉などの世界で活躍する人材が生まれていった。

「奉仕とは、暇があるから、金があるから、物があるからする、というような余りものをくれてやる偽善ではない」

「他人との出会いは我との出会い、自分の中にあるまだ見ぬ我の発見につながる。これなくして、どうして自他の変化、成長があるでしょうか」

「単なる継続は停止以外の何物でもないのよ」……

勉強会や会話の中でこうした言葉を力強く発する彼女は、若い学生にとって「生きたことわざ辞典」のような存在だった。

吹浦も橋本から「民主主義は情熱である」という言葉を教えられた。いわく、情熱とは言葉と態度で表すものであり、目の前の相手を「感染させて巻き込む」ものである……と。

まだ女性の社会進出が進んでいない時代であった。べらんめぇ調の日本語を交えて英語を流暢《りゅうちょう》に話し、欧米の人権感覚や自由、民主主義の匂いを色濃く漂わせる彼女の雰囲気は、そうして多くの学生たちを魅了したのだった。

そんななか、橋本が青少年赤十字の活動の一環として組織したのが、一九六四年の東京パラリンピックにおける「語学奉仕団」だった。

「今度の大会には外国から車椅子に乗った障害者が来る。彼らが日本語だけの社会に放り込まれたら、新たに口と耳の二つの障害を持つことになってしまうでしょう」

橋本はこのように語り、日本でのパラリンピックの開催に向け、学生を中心に外国語を喋れる者を集めた。さらに彼らを連れて車椅子の出場選手たちの暮らす施設を訪れるなど、大会当日に向けて障害者に対する理解を深める勉強会も開いて、一年前から準備し始めたのである。

この「語学奉仕団」はその後も青少年赤十字の重要な活動の一つになるのだが、その創設に当初から深くかかわったのが、皇太子妃殿下であった美智子妃だった。

「美智子妃とハシ先生の関係というのは、ある意味でお姉さんと妹のようなものだったのだと思います」

と、吹浦は言う。

一八七七年の西南戦争時に熊本で設立された「博愛社《はくあいしゃ》」を前身とする日本赤十字社は、その成り立ちから皇室とのかかわりの深い人道支援団体である。

戦時国際法のもとに傷病者や捕虜の待遇を定めたジュネーヴ条約に日本政府が調印したのは一八八六年。翌年に博愛社から日本赤十字社と改称された当初から、昭憲《しょうけん》皇后（当時）が積極的なかかわりを見せた。以来、日赤の名誉総裁は皇后陛下、名誉副総裁を皇太子妃殿下や各宮家の妃殿下が務めることになっている。

一九五九年に結婚の儀を執り行なったばかりの美智子妃（当時）は、名誉副総裁として日赤に足を運ぶようになった。橋本と出会った当時は二十五歳。五十歳を過ぎた橋本は美智子妃に赤十字の理念や青少年赤十字の活動を説明する立場となり、そのうちに強く慕われるようになったという。吹浦は語る。

「当時、美智子妃殿下や常陸宮《ひたちのみや》妃殿下は日赤に隔週くらいのペースで来られて、東南アジアなどの国々に送る雑巾《ぞうきん》を縫うボランティアをしていたんです。〝裁縫《さいほう》奉仕〟というのですが、お二人はとりわけ熱心に活動をなさっていました。そのなかでハシ先生とも出会われたわけですが、とりわけ美智子妃はハシ先生を本当に頼りにされていたのではないでしょうか。何しろハシ先生は日赤本社の中でも、断然に光っている人でしたから。我々もハシ先生の家には勉強会などでよく行きましたが、その三度に一度くらいは美智子妃からお電話がきていた様子で、様々なお話を二人でなさっていたようです」

その頃の日本では障害者スポーツは全く社会に認知されていなかった。そもそも世界でも「パラリンピック」がオリンピックと同じ年・同じ会場で開催されたのは、一九六〇年のローマ大会が初めてだった。

「パラリンピック」の存在を知る日本人はほんの少数だったが、そのうちの一人だった橋本は持ち前のバイタリティを思う存分に発揮し、二百人近いメンバーを青少年赤十字のネットワークを使って集めた。そして、東京パラリンピックの会場で外国人選手をエスコートした彼ら・彼女らは、美智子妃とともに障害者スポーツや福祉の世界で深い絆《きずな》を結んでいったのである。

「伯母にとってパラリンピックは限りなく大きな体験だったはずです」

と、齋藤明子も言う。

「あの頃から日本の国際的なプレゼンスが上がって、福祉や障害者関係の国際会議の数も増えていったわけです。自ずと語学奉仕団の出番も増え、国際会議を体験した若い学生たちの中からたくさんの人材が輩出されていったんですね」

橋本は一九六四年のパラリンピックの後、一九七一年に定年を迎えてからも嘱託として組織に残り、青少年赤十字と語学奉仕団の指導者であり続けた。

一九七〇年には東南アジア太平洋地域青少年赤十字国際セミナー「こんにちは'70」の日本開催を主導、世界中の赤十字や障害者関係の国際会議に参加し、ライフワークである中高生向けの講演も精力的にこなした。

いわば彼女は「ボランティア」という概念を日本に紹介した一人であると同時に、社会教育における第一人者だった。一九七二年には国際赤十字から女性として初めて「アンリ・デュナン・メダル」を受章、三十年にわたって続けてきた青少年教育の成果を評価された。

では、なぜ彼女は世田谷のカトリック系の高齢者施設で、孤独とも言える死を迎えることになったのか。

メダルの受章から二年後に門下生（吹浦もその一人だった）とともに「アンリー・デュナン教育研究所」を創設した橋本だったが、七十代になった頃から認知症の症状が見られるようになったという。

依頼される講演の日程を間違えるようになり、次第に表舞台から姿を消した。晩年、施設で長く暮らすようになると、親戚の顔を見ても区別がつかなくなっていった。認知症への理解が進んでいない時代背景もあったのだろう、施設の職員からぞんざいに扱われるようなこともあったようだ。

だが、そんな「待遇」が一日のうちに変化する出来事がしばらくして起こる。彼女のもとを美智子皇后が訪問したのである。

二人の久々の再会を近くで見守った吹浦は、そのときのことを次のように語っている。

「面会の時間は三十分だったのですが、美智子皇后と話をされてもハシ先生には全く通じなかったんです。それでも、粘り強くお話をされていました」

当初の予定を十分近く過ぎたときのことだ。皇后はベッドの枕元に置いてあった写真を手に取った。そして、写っている人物を一人、二人と指さして名前を挙げていった。

「そうしたらね――」

と、吹浦は言う。

「『あなたは美智子様かねェ』とハシ先生がぼやっとした発音で言ったんです。近くにいた施設の人たちも、これには驚いていましたよ」

それは三年前の橋本の誕生日に撮られた集合写真で、写されていたのは、一九六四年のパラリンピックをきっかけに集まった語学奉仕団のメンバーであった――。


私がこれから描こうと思うのは、この「一九六四年のパラリンピック」の物語である。

そのことについて調べてみようと思ったのは、自分が「パラリンピック」の歴史について何も知らない、ということに心もとなさを覚えたのがきっかけだった。

語学奉仕団の面々。中段中央の女性が橋本祐子氏。
下段右から3番目が郷農彬子氏＝後述。
左端男性が吹浦忠正氏。（提供：郷農氏）

新型コロナウイルスの流行で一年延期された「二〇二〇年のオリンピック」開催地が、東京に決定したのは二〇一三年のことだった。以来、政治家や行政、マスメディアはこの大会を「東京オリンピック・パラリンピック」と呼び、ときには略して「二〇二〇年のオリパラ」といった表現が使われてきた。

だが、パラリンピックはいつから、「オリンピック」と並べて語られるようになったのか。

一九七九年生まれの私にとって、明確に最初の記憶があるオリンピックは一九八八年のソウル大会だが、その頃はまだ「パラリンピック」という言葉自体、今ほど人々に認知されていなかったと思う。では、次のバルセロナではどうだったか。アトランタでは、シドニーではどうだったか？

東京での開催決定から一年が経ち、二年が経つなかで、私は少しずつ居心地の悪さを感じるようになってきたとも言える。今描いた橋本祐子と美智子上皇后のエピソードはもちろん、そもそも「パラリンピック」という大会が、どこから来たものなのかを私は知らなかった。また、かつて同じ東京で開催されたその大会にどのような人々が集まり、選手たちがどのような思いを抱えて出場したのかを知らなかった。

開催決定から三年ほどが経とうとしていた二〇一五年のある日、私はそうした気持ちに背中を押されるようにして、一九六四年のパラリンピックについて調べ始めた。その取材は当時の新聞記事を読むことから始まり、そして、思ったよりもずっと長い旅となった。

第1章

「障害者のスポーツ大会」の衝撃

（提供：船津英夫氏）

「聞いたこともない大会」

一九六四年十一月八日、東京は過ごしやすい晴天に恵まれていた。

この日、東京都の食品衛生監視員として保健所で働いていた船津英夫《ふなつひでお》は、ちょっとした野心を抱きながら国鉄の原宿駅に降りた。

当時、二十代だった彼の手には、買ったばかりのキヤノン製の8ミリカメラがあった。都の職員になって五年目、なけなしの給料で思い切って購入したカメラだ。彼がそれに収めようとしていたのが、代々木の「織田《おだ》フィールド」で行なわれる東京パラリンピックの模様だった。

日本国民の熱狂に支えられ、高度経済成長の総仕上げともなった祭典――東京オリンピックの開会式が行なわれたのは、ちょうどひと月前の十月十日のことだった。九日前には国鉄が総工費三千五百億円をかけた東海道新幹線が開通し、首都高速道路やモノレールといったインフラの整備、競技場やホテルの建設など、日本はその日のために総力を挙げて準備を進めてきた。そのために費やされた莫大な資金は高度経済成長の原動力となり、東京の街の姿を数年で変貌させるほどのものだった。

開会式の日、真っ青に晴れ渡った空のもと、国立競技場には七万五千人の観衆が集まった。九十四か国五千五百八十六人の選手団が行進し、十万七百十三人目の最終聖火ランナーとして坂井義則《よしのり》が国立競技場に到着。彼がバックスタンドの階段を上って聖火台に点火すると、続いて選手代表の小野喬《たかし》が選手宣誓を行なった。同時に放たれた八千羽の鳩が一斉に飛び立つのを見上げた空に、自衛隊の戦闘機F-86が五色の五輪をアクロバット飛行で描いた瞬間、観衆の熱狂はピークに達した。

大会初日におけるウエイトリフティングの三宅義信《よしのぶ》の金メダル、レスリングの市口政光《いちぐちまさみつ》や「新ヤマシタトビ」の体操・山下治広《はるひろ》、柔道無差別級での神永昭夫《かみながあきお》とアントン・ヘーシンクによる死闘……。閉会式前日の女子バレーボール決勝では「東洋の魔女」と呼ばれた日本チームがソ連との無敗同士の戦いに勝利し、その際のテレビ視聴率は八十五パーセントという数字を記録した。大会にかけられた政府援助費は約一兆円にのぼった。それは日本の戦後の「復興」を世界にアピールした大会として、大きな成功を収めたのだった。

船津が原宿駅に降り立ったその日、東京の街は二週間前に閉幕した東京オリンピックの、祭りのあとの気怠《けだる》い雰囲気がうっすらと漂っているようだった。だが、彼には世の中を熱狂させたオリンピックが、まだ自分にとっては終わっていないという思いがあった。彼は8ミリカメラの同好会のメンバーで、仲間たちがオリンピックをテーマに作品を撮るなか、一人だけその日に片づけなければならない仕事があり、現場での作品づくりに参加できなかったからである。

同好会では開会式とマラソンをテーマに二つの作品を制作した。とりわけマラソンの際は十人程度の主要メンバーが沿道にカメラを持ち込み、初のオリンピック二連覇を果たしたエチオピア代表のアベベ・ビキラの快走や、銅メダルを獲得した円谷《つぶらや》幸吉《こうきち》の走りを間近で撮影した。それらの映像はすぐさま集められると、編集して作品に仕上げた上でアベベに贈呈された。

そうした同好会の活動は思い出深いものになったが、一方で現場に出られなかった彼にはどこか消化不良の思いが残った。そんなとき、職場で耳に挟んだのが「オリンピックの後に、代々木で障害者のスポーツ大会があるらしい」という話だった。

当時、東京都の職員だった彼の周りには、オリンピックの事務局に動員された同僚が多くいた。しかし、「パラリンピック」については、ほとんど話題にのぼらなかったという。その大会は東京オリンピックという宴の後に、ひっそりと開催されようとしているものだったのである。

ただ、船津には障害者の国際スポーツ大会と聞いて、興味を抱いた理由が二つあった。一つは幼い頃からの友人の一人が脳性小児麻痺で、不自由な生活をしている様子を間近で見てきたこと。もう一つは同好会での活動において、彼には社会派のドキュメンタリーを撮りたいという気持ちがあったことだ。

オリンピック開催の前、船津は高度経済成長期の東京の街の姿を記録し、それを「工事の街」という題名の作品にしていた。世田谷にある彼の実家は現在の環状七号線の近くで、そうした環状線の都市整備の様子は「まるで街中をひっくり返すような工事」に見えた。

変貌を遂げていくそんな東京の街には、一方で疑問を感じる光景も多かった。例えば、至るところで行なわれていた道路工事では、現場に資材が乱雑に置かれていた。足の悪い高齢者がそれを跨《また》がないと通れなかったり、目と鼻の先の場所に行くのにも遠回りしなければならないような姿を彼は撮った。木材をいっぱいに積んだオート三輪が、舗装前の道をぐらぐらと揺れながら走る危なっかしい様子なども記録した。

様々な不便を感じながらも住民たちからそれほど苦情が出ないのは、「これはオリンピック道路なのだから、今は不自由を我慢すべきだ」という雰囲気があるからだ、とそのとき彼は思った。こうした問題意識を以前から持っていたため、パラリンピックという「聞いたことも見たこともない大会」は彼の興味を強く惹いたのである。

会場となる織田フィールドは、代々木公園に隣接する選手村のあった場所だ。競技に使用されるのはオリンピックの際の「第一練習場」で、他にも代々木体育館など室内競技用の会場がいくつか用意されていた。

原宿駅から選手村に沿って歩いていくと、しばらくして会場の入口に着いた。入場券は特に必要なく、視界の開けたフィールドまで行って彼は周囲を見渡した。急ごしらえで作ったと思《おぼ》しき仮設スタンドが大勢の人で埋め尽くされていた。

そのスタンドでカメラを構えた彼は、様々な意味で不思議な「国際大会」の模様を撮り始めたのだった――。

カメラが捉えたパラリンピック

この物語を書いている筆者である私が、船津と会ったのはそれから五十四年という歳月を経た二〇一八年三月のことだ。ＮＨＫの短いニュースの中で船津の撮影した映像が紹介されたという記事をネットで目にし、彼に連絡を取ることにしたのである。

船津は常に穏やかな調子で話す紳士で、指定された自宅近くの喫茶店に行くと、当時の映像を記録したＤＶＤを用意してくれていた。私が当時のパラリンピックの映像（三十五頁参照）をじっくりと見たのは、このときがほぼ初めてだった。

私の持参したノートＰＣでそれを再生するに当たって、彼は８ミリで撮影をしたその日の様子を振り返ってから、「ただね――」と前置きするように言った。

「私は二、三本のフィルムを使って、パラリンピックの作品を作ろうと思っていたのですが、現地でいざカメラを回してみると故障していたんですよ。フォーカスが働かなくなっていて、アップにするとピントがぼやけちゃいましてね。それでこの映像も後半になるとピンボケばかりで恥ずかしいんです」

カメラの故障に気づいた船津は、とりあえずいくつかの映像を撮ったものの、フィルムは自宅に帰ってから押し入れの中にしまったという。

しかし、五十年以上の歳月を経て蔵出しされたその映像は、もともと映像資料の少ない一九六四年のパラリンピックの記録として貴重なものとなった。船津は競技の模様だけではなく、その周囲にいたパラリンピックを支えた人々に対して、意識的にカメラのレンズを向けていたからである。

彼の撮影した映像はカラーで、開会式のいくつかのシーンから始まる七分ほどのものだった。

白いユニフォームと帽子を被った大学生のブラスバンド、えんじ色のジャージを着た車椅子の日本代表選手たち。芝生と土のグラウンドを、イタリアやアメリカの選手団がゆっくりと進み、日本の国旗と車椅子の車輪を五輪に重ねた旗、「ＳＭＧ」と書かれた旗が掲揚される。

船津は会場にいる紺色のブレザーを着た女性にカメラを向ける。その腕には「語学奉仕団　LANGUAGE SERVICE」と書かれた腕章が巻かれている。制服姿の自衛官の腕章には

「介添《かいぞえ》」とある。彼らが移動する選手たちを熱心に介助している姿も見られる。また、選手村の建物の入口の段差には、板を張り合わせて作られたスロープが、いかにも急ごしらえというふうに取り付けられている。

それ以降、場面は競技の様子に移り、車椅子による競走や槍投げ、棍棒を投げる様子、車椅子バスケットボールの試合の模様などが続き、その試合の途中で映像はぷつりと切れた。

「障害者がスポーツをする姿を初めて見たんです」

と、船津は言った。

「何よりあの当時は、障害を持った方がスポーツをするということが、一般的にはあり得ないと考えられていた時代でした。そういう社会状況でしたから、私も見るもの全てに驚いたんです」

確かにアップになると焦点がぼやけるものの、それは彼の当時の好奇心がそのまま表現された臨場感のある映像だった。彼がカメラを向けた対象は、会場に詰めかけた日本人の多くの関心を反映させたものでもあった。

当時としては珍しいバリアフリー対応の選手村。

彼が会場で見た選手たちは――後に述べるように――脊髄損傷などで下肢麻痺となった車椅子の人々だったが、例えば、この頃の東京の街で車椅子に乗った人を見る機会はほとんど皆無だったと言っていい。街にはバリアフリーという概念がまだなく、横断歩道を渡るにも道路には段差があるのが普通だった。船津がカメラを選手村のスロープに向けたのも、それらを見るのが初めてで物珍しかったからである。

また、二〇一八年にこの映像を見た私と二十代だった当時の船津に共通する「感想」は、日本人選手と欧米の選手の雰囲気があまりに異なっていることだった。

映像にはアメリカ人選手が腕の力でクルリと車椅子で回転する姿や、ポケットから煙草を取り出して火をつけながら、実に洒脱な雰囲気で談笑するイタリア人選手の姿が映し出されている。

その立ち居振る舞いは一九六〇年代に生きる日本人のイメージする「障害者像」とはあまりにかけ離れていたため、撮影している船津の驚きが画面を通して伝わってくるようだった。

陸上競技でもアメリカ人選手は猛烈な勢いで車椅子を走らせ、車椅子バスケットボールの試合では車椅子同士が激しくぶつかり合う。何より鍛え上げられた腕や胸板の厚さには目を惹くものがあり、がっしりとした体格に堂々とした迫力があった。

対してえんじ色のジャージに同じ色の帽子を被った日本人選手たちは、一様に痩せ形で見るからに表情が沈んでいた。仮設スタンドの大勢の観客や周囲の空気に、どことなく気《け》圧《お》されたようにうつむいていたり、照れ笑いや心許《こころもと》ない表情を浮かべたりしている。

「すごく伸びやかで明るい外国人選手に比べて、日本の選手たちは確かに借りてきた猫のように最初は見えました」

だが、華やかな雰囲気の外国人選手たちに挟まれながら、それでも彼らは懸命に競技に取り組んでもいた。その様子を見ながら、船津は障害がある車椅子の日本人が、そのようにスポーツによって自己表現しようとしている姿に、何か胸打たれるような感動を覚えた。

この日、一日を通して会場にいた彼は、パラリンピック東京大会の様子を「大きな会社の運動会を見ているようだった」と表現する。選手村や会場のそこかしこに設置されたスロープも見るからに手作りで、直前に行なわれた「東京オリンピック」に投じられた予算の大きさが際立つようだった。

「でも、それだけに会場で働いている語学奉仕団や自衛隊の人たち、様々なスタッフの仕事には何かしらの思いが込められているように感じました。当時は『ボランティア』なんて言葉も日本にはありませんでしたが、そこで働いている人たちの一つひとつの動きを見ていると、仕事というよりは、何かの役に立ちたいという気持ちが、ひしひしと伝わってくるようだったんです」

由来は「パラプレジア」

その日、四千人収容の仮設スタンドが設置された織田フィールドでは、午前十時から開会式が始まった。スタンドは様々な関係者への呼びかけもあって満員となり、フィールド内の補助席も観客で埋まる盛況ぶりだった。

当時のこの「パラリンピック」は、脊髄損傷などで下半身麻痺となった車椅子の人を対象とする国際大会である第一部、そして、肢体不自由者、視力障害者、聴力障害者の三部門からなる日本人を中心とした国内大会の第二部に分けて開催された。「パラリンピック」の「パラ」とは下半身麻痺を表す「パラプレジア」(paraplegia)から取ったもので、「パラレル」(parallel)の意とする現在の定義とは異なっていた。

第一部の「パラリンピック」には、世界二十二か国から三百六十九人が参加した。そのうち日本人選手は五十三人。多くが神奈川県小田原市の国立箱根療養所や大分県別府市の国立別府病院、川崎市の関東労災病院などから集められた〝患者〟たちであった。四年前にローマで開催された「第一回大会」と同じ体裁のこの一部は、現在のパラリンピックの

ブレザー姿にネクタイを締めたイギリス選手団の行進は注目を集めた。
（提供：浜本恵子氏）

源流と言っていいだろう。

開会式は全日本バトン鼓笛《こてき》連盟の小中学生の行進から始まり、ベージュ色のベレー帽に白い衣装を着た彼女たちがバトンガールを先頭に進んでいった。そして、午前十時ちょうどに隣接する東京広場から百十発の花火が打ち上げられると、皇太子と美智子妃（現在の上皇、上皇后両陛下）がロイヤルボックスに座った。

続いて自衛隊による「上を向いて歩こう」の演奏が始まったのを合図に、各選手団の入場が開始された。先頭は「ＳＭＧ旗」を持った三人、続いて大会発祥国のイギリスの百三人の選手が進んでいく。アルゼンチン、オーストラリア、オーストリア、ベルギーと続く選手団の車椅子は、秋の午前中の日差しを反射してきらきらとまぶしいほどに輝いていた。そして、最後に五十三人のえんじ色のジャージを着た日本選手団の姿が現れると、会場の拍手はより一層大きくなった。

そうして行進が終わり、全二十二か国三百六十九人の選手は、ロイヤルボックスに向かって整列した。日の丸とともにＳＭＧ旗と大会旗が掲揚される。それから大会副会長の太宰博邦《だざいひろくに》が開会を宣言すると、大きなファンファーレが織田フィールドに鳴り響いた。

創始者・グットマン

運営委員会会長の葛西嘉資《かさいよしすけ》の挨拶に続いてマイクの前に立ったのは一人の西洋人だった。彼は脊髄損傷の治療を専門に行なうイギリスの「ストーク・マンデビル病院」の院長で、その名をルートヴィヒ・グットマンといった。後に詳しく述べるが、彼はこの「パラリンピック」の創始者であった。パラリンピックは一九四八年、グットマンが患者のリハビリと社会復帰のために、小さなスポーツ大会を自身の病院内の敷地で開催したことに始まる。大会は「ストーク・マンデビル競技大会」と呼ばれ、一九六〇年のローマで初めてオリンピックと同時期・同場所の開催が実現した。会場に掲げられた前述の「SMG旗」とは、この大会の頭文字を取ったものだ。

「ストーク・マンデビル競技大会」の呼称にこだわるグットマンは、日本大会で正式に使用された「パラリンピック」という名前には不満を持っていたものの、それでもこの極東の地で自身の作り出した障害者のためのスポーツ大会が開かれることには、感無量の思いを抱いていたに違いない。

彼は喜びを隠しきれないような笑みを浮かべながら、選手と詰めかけた多くの観衆を前に言った。

皇太子殿下、大臣、東京都知事、御来賓の皆さま、御参会者の皆さま、国際身体障害者競技大会委員会を代表し、皇太子殿下に対し奉り、下肢マヒ者のための一九六四年国際競技大会に、御来臨の栄を賜り、東京で開会の運びに至りましたことを衷心《ちゅうしん》から感謝申し上げます。

日本の皇室が、このスポーツと人道の祭典に示された温い御関心に対し組織委員会と、ことに世界中から、この東京に於ける第十三回国際身体障害者競技会で親しい仲間と競技するために集まった下肢マヒ者は深く感謝し、感銘するところであります。

日本運営委員会は、葛西氏を会長としてこの大会を組織するために、非常な努力をされました。その御熱意と成果と友情は、われわれの賞讃と感謝をほしいままにするところであります。その仕事の遂行に当っては、政府および東京都ならびに日本の代表的諸団体の全面的御支援を受けまして、この国際競技大会は一九四八年にささやかな出発を遂げてから世界的なスポーツ運動にまで発展してきましたが、その基本は常に三つの原則、即ち、友情、結合、スポーツマン精神にのっとっています。これらの理想はいまやわたくしたちの旗に示された三つの車輪に象徴されています。一九六四年の国際身体障害者競技大会が、これらの理想に忠実に運営されることであり、この東京大会が肢体不自由者のためのスポーツ発展史上一紀元を画するものであり、人道の、世にも美しい功績の一つとして歴史に長くとどまるよう切望するものであります。（『パラリンピック東京大会報告書』より。以下『報告書』）

開会式で入場行進を観覧する皇太子ご夫妻。

皇太子の挨拶

グットマンはロイヤルボックスに歩み寄ると、皇太子に記念メダルを贈った。

次に祝辞を述べたのがその皇太子である。そこで発せられたのは、この大会と障害のある選手たちへの深い理解を感じさせる言葉だった。

「国際競技大会の開会式にあたり、わが国を含め、各国から参加された選手諸君の、心身ともに元気な姿に接し、一言あいさつすることを、たいへんうれしく思います。

わたくしは、みなさんが日頃の努力によって健康をとりもどし、はるばるこの大会に参加されたことを知っています。また、この中の多くの人たちが、社会の一員として、りっぱに活躍されていることも知っていますが、そうした努力のうちには、スポーツがあなた方の心身のささえとなり、社会復帰される早道であったと確信いたします。

わたくしは、世界中の身体障害者に希望と価値ある生活をもたらすストーク・マンデビル大会の業績と精神に敬意を表します。わたくしは、この名誉ある大会の主催者側であることをうれしく思います。それは、この大会が、わが国の身体障害者に大きな希望と激励を与えてくれると思うからであります。どうぞこの競技会のすべてに全力を発揮するようにして下さい。

第十八回東京オリンピック大会のスローガンであった『世界は一つ』という理想をあなた方のスポーツマンシップを通じてなしとげることができましたら、みなさんとともによろこびに堪えないところであります。

終わりに、世界のすべての身体障害者の上に、希望と幸福がもたらされることを念願し、この大会が、あなた方に、楽しく意義あるものになることを望みます」（『報告書』より）

このように皇太子の挨拶が締めくくられ、盛大な拍手が巻き起こると、ロイヤルボック

選手宣誓をする青野繁夫氏。後ろに立つのは中村裕氏。（提供：青野行雄氏）

スの前に一人の車椅子の壮年の男が進み出た。全選手を代表して宣誓を行なった青野繁夫《しげお》だ。

青野は選手団長で国立別府病院の整形外科部長・中村裕とともに前に出ると、緊張した面持ちで右手を挙げ、準備していた宣誓の言葉を思い切って発した。

私たちは重度の障害を克服し
精神及び身体を錬磨して
愛と栄光の旗のもと
限りない前進を期して
正々堂々と戦うことを誓います

宣誓が終わった瞬間、織田フィールドには

東京オリンピックのときと同じように、五百羽のハトが正面スタンドから空へと放たれた。それから皇太子夫妻がグラウンドに下り、青野をはじめとする各国の選手たちと握手を交わした。

九競技十七種目で十個のメダル

東京パラリンピックの第一部である五日間の国際大会（ストーク・マンデビル大会）では、次に列挙する九競技十七種目が行なわれた。

アーチェリー／ダーチェリー／陸上競技（槍正確投げ・槍投げ・砲丸投げ・円盤投げ・棍棒投げ・車椅子競走・車椅子リレー・車椅子スラローム・五種競技）／車椅子バスケットボール／パワーリフティング／スヌーカー／卓球／車椅子フェンシング／水泳

競技には今から見ると馴染みの薄いものもある。例えば、ダーチェリーは洋弓《ようきゅう》（アーチェリー）の的がダーツのような方式になったもの。槍正確投げは地面に記された直径三メートルの的に向けて、男子は十メートル、女子は七メートルの距離から槍を命中させる競技、スヌーカーはイギリスで盛んなビリヤードの一種である。日本の選手たちの多くは二種類以上の種目にエントリーしており、出場者の中には五種目、六種目と掛け持ちしている選手もいた。

会場は五か所に分かれており、織田フィールド（第一会場）、選手村を挟んだ東側の総合体育館（第二〜四会場）、明治神宮側に第五会場として洋弓場が設けられていた。ちなみに、東京オリンピックの際には練習場として使用された織田フィールドには、観客を収容するスタンドがなかった。選手村内のスロープなどもそうであったが、その設営はオリンピックの選手村閉村からのわずか二日間で行なわれたため、「神業的なスピード工事」とも言われた。

では、各国の成績はどのようなものだったのか。

『報告書』によれば、圧倒的な身体能力で最も多くのメダルを獲得したのは、五十個の金メダルを記録したアメリカだった（計百二十二個）。次いで十八個の金メダルを獲得したのは大会の発祥国であるイギリス、それにイタリア、オーストラリアが続く。

五十三人の選手が参加した日本は、金メダルを一つ、銀メダルを五つ、銅メダルを四つの計十個のメダルを獲得した。唯一の金メダルを獲得したのは卓球の男子ダブルスで、他にも旗手を務めた小笠原文代と井上（笹原）千代乃のペアの女子ダブルスも三位に入賞している。また、選手宣誓をした青野繁夫は、フェンシングのサーブル団体で銀、水泳の「第五級・完全麻痺五十メートル仰向自由形」でも同じく二位に入った。

だが、彼らが好成績を残したのは卓球やアーチェリーといった競技で、花形である車椅子バスケットボールやフィールド競技では、外国人選手にほとんど歯が立たなかった。そこには体格差もさることながら、それぞれの国における障害者スポーツ政策や社会参加の有無も関係しているのだが、ここではまず彼ら選手たちがどのような人々であったのかを見ていきたい。

選手宣誓をした男

パラリンピックが東京で開かれてから五十四年後、桜の咲き始めた二〇一八年三月中旬のことだ。私は静岡県掛川市の入山瀬《いりやませ》という地区を訪ねた。

東海道新幹線の掛川駅から車で十五分ほどの入山瀬は、国道沿いに雑木林や田畑が広がるばかりの静かな山村だ。道沿いの三面コンクリートの小川の水は澄んでおり、水草が緩やかな流れにゆらゆらと揺れている。その土手沿いには桜の木が連なり、静かな集落に色合いを与えていた。

橋を渡って両脇に田んぼの広がる緩い上り坂をしばらく行った先に、目的の青野行雄の暮らす一軒家はあった。

彼はパラリンピックで選手宣誓を行なった青野繁夫の弟である。入山瀬は繁夫の生まれ故郷で、行雄は大会後に夫婦で実家に戻った兄と生活をともにしたという。現在も彼はその家で、妻と二人で暮らしていた。

「この場所は昔からほとんど変わらないですよ。米作ったり芋作ったりで。景色もこんな感じでした。田舎だから食べるものには戦争中も困らなかったけれど」

そう語る行雄は大正十五年生まれで、兄の繁夫とは六歳離れていた。

「うちにはメダルが二個あるんです。兄はフェンシングの団体と、五十メートルの水泳で二位になりましたから」

当時の話を聞かせてほしいという私に対して、彼は兄が水泳とフェンシングで取った銀メダルと参加章、それから、パネルに収められた一枚の写真を見せてくれた。

桐の箱に入れられた参加章には、鳥の姿を模《かたど》った白い下地に車椅子の車輪をイメージした金色の輪が五つ、V字型に並べられたデザインが施されていた。銀メダルも非常に丁寧に作られており、水泳ではスイムキャップを被った選手が泳ぐ姿、フェンシングでは剣を交えたイラストが彫られていた。裏側は地球の周りに車椅子の車輪が土星の輪のように被せられたデザインだ。双方の外側に「STOKE MANDEVILLE INTER

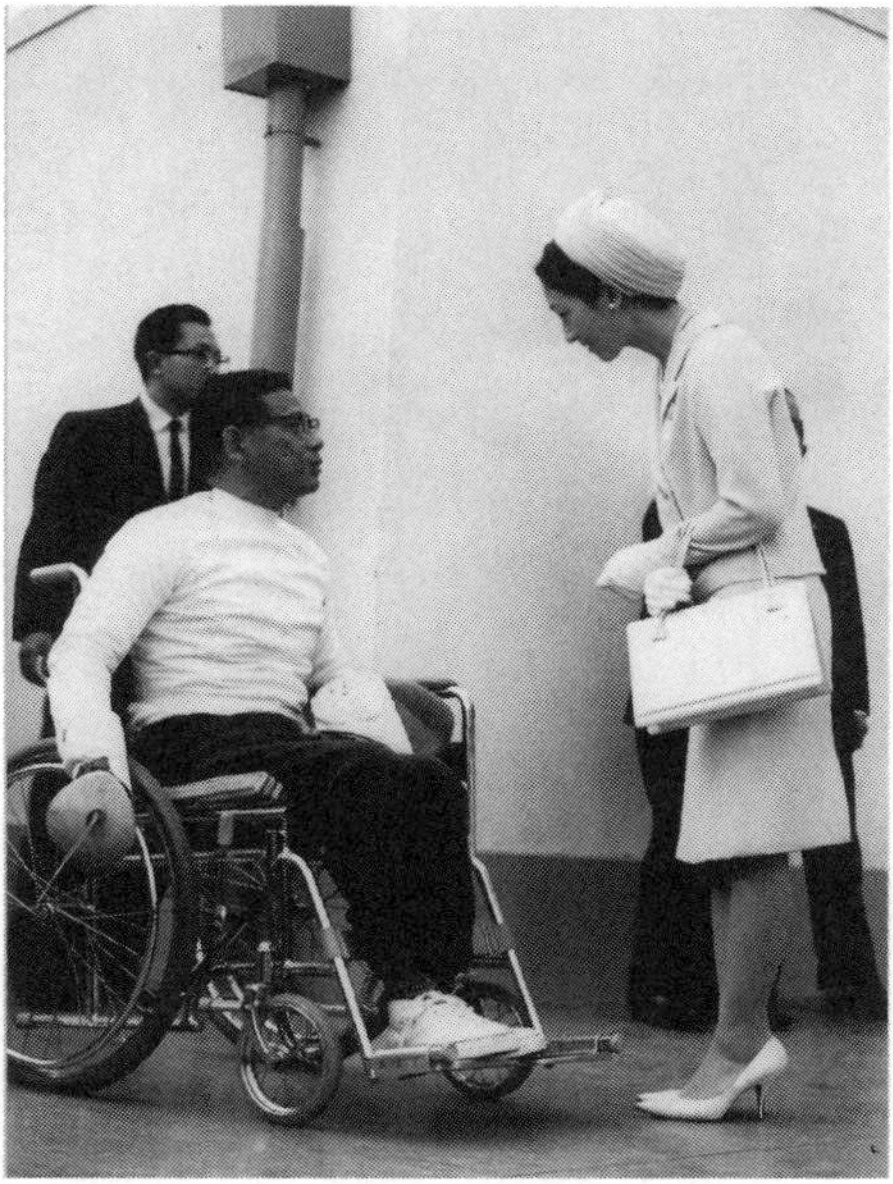
青野繁夫氏と美智子妃。（提供：青野行雄氏）

NATIONAL GAMES 1964」と刻印されたメダルは、グットマンのこだわりを感じさせるものでもあった。

そして、パネルに飾られている写真（前頁参照）は、青野繁夫と美智子妃の二人が会話する様子を捉えたものだった。

白い長そでの競技用ユニフォームを着た黒縁メガネ姿の青野は、フェンシング用の剣を右手に持って車椅子に座っている。その向かいに白いワンピースにジャケットを着て、同じく白のターバン風の帽子を被りハンドバッグを左腕に下げた美智子妃が、少し前かがみになって何かを問いかけている。写真はそんな光景を写した一枚で、場所はおそらく当時の青野が暮らしていた箱根の国立療養所だと思われた。

この写真が撮影されたのが、パラリンピックの開催前なのか、それとも開催後であるのかは分からない。ただ、もし開催後の箱根療養所での一幕であるとするならば、二人は日本で初めて開かれた障害者の国際スポーツ大会の思い出について話しているのかもしれない、と私は想像した。

後に箱根療養所の機関誌『函嶺《かんれい》』に手記を寄せた青野は、パラリンピックで選手宣誓をしたときの心境を次のように綴っている。

〈自分で作った宣誓であるし、当然何のためらいもなく言葉になるものと予想して居ったが、緊張度はそんな安易なものを消しとばしてしまったのも今となっては生涯忘れ得ない思い出となったのである〉

彼は満州事変の後に中国大陸に従軍し、作戦中に銃弾が背中を貫通して脊髄損傷となった。手記の中でも〈嘗《かつ》て砲弾雨飛の中に、いたたまれない焦燥と緊張を味わった事のある私であったが、それと違った意味の緊張感であったと思う〉と傷痍《しょうい》軍人ならではの感想を残している。また、〈即ち、今迄の私達重度脊損者の置かれていた立場や状態よりこのパラリンピックを機会に、他の多くの人々に私達の現実を本当に理解していただき、実際の政治が二歩も三歩も向上飛躍してもらわなければどうしようもないという心からの宣誓であった〉といった言葉からは、彼がパラリンピックという大会の意義を積極的に捉えようとした人物であったことが窺《うかが》える。

〈事実、私達身障者の生活はなまやさしいものではない。といってこれを克服しなければ私達の生活はあり得ないし、社会から一層取り残されてしまうと同時に、自分自身もよりみじめで空虚なものとなってしまわざるを得ないのである。

私は健全ならざる身体にも立派に健全な精神が宿ることを実証したい気持で一杯であった。そして皇太子及び美智子妃との握手に限りない感激を覚え、胸の打ちふるうのを如何《いかん》とも為し得なかった次第である〉

このときの青野の感無量の気持ちが伝わってくる文章だろう。そして、美智子妃と彼が視線を交わしながら会話をする写真からは、二人が確かにこの時間を共有したことが伝わってくるのだった。

「リハビリ」が浸透していない時代

この青野繁夫とはどのような生涯を送った人だったのだろう。

青野は一九二〇（大正九）年、農家の長男として入山瀬（当時は城東村）に生まれた。子供の頃はガキ大将という立場で小学校の友達を引き連れ、喧嘩もすれば勉強もできるリーダー的な存在だったそうだ。

一方で内向的な性格だった弟の行雄は小学校に入学すると、中学への進学を控えた繁夫から「もっと外で遊ばなあかんぞ」とよく言われた。自宅から歩いてすぐの川には小魚やウナギがおり、夏になると繁夫は四、五人の集団を率いて魚獲りに出かけた。行雄は集団のリーダーとして振る舞う兄の後を、いつも走って追いかけたものだった。

だが、彼が兄たちと野山を駆け回ったのは、繁夫が小学校を卒業するまでのことだ。繁夫は掛川市内の中学に進学して家を離れたため、以後はあまりゆっくりと会える時間がなかった。

行雄にとってそんな兄は優しい人物として記憶されている。

例えば、小学校六年生のとき、児童会長をしていた行雄は何かの催し事があると、その挨拶文を書くのを兄が手伝ってくれたと回想する。地元の小学校では近くの高天神城で「宝探し」をする恒例の行事があった。その際はお城の物語を宝のヒントとして紙に書く必要があり、その作成に四苦八苦していたときも兄は自分を手伝ってくれた、と。

繁夫は掛川中学での五年間（戦前は六・三・三制ではなかった）を終えると、静岡市の師範学校に二年間通い、大井川《おおいがわ》の上流の山間にある本川根《ほんかわね》の小学校で教師として働き始める。軍隊への召集を受けたのはそれから数年経った一九四一年のことだった。

「兄は揚子江《ようすこう》で怪我をしたんです」

と、行雄は昔話を物語るように言った。

「揚子江の中流に長沙《ちょうさ》という場所があって、そこの作戦で負傷したそうです。ただ、兄はそのときのことをあまり喋らなかったので、それくらいしか聞いておりません。そもそも、戦争中だった当時は、兄がどこにいるのかも私たちは知りませんでした。負傷したという情報だけが知らされて、後になってからその辺りにいたらしいことが分かった程度でしたから」

繁夫が召集された頃、行雄は兄のあとを追うように掛川中学校に進学した。父親は農協の職員であったため、実家の農業は母親と叔母が人を雇って続けた。その後、彼は兄と同じ教師になることを目標に師範学校へ進学したが、在学中の一九四五年四月に海軍兵学校へ入学したという。

その少し前、中国大陸から傷病兵として帰還した繁夫は、岐阜県の各務原《かかみがはら》市にあった陸軍の療養所に入院していた。名古屋市にほど近い濃尾《のうび》平野の北部に位置する町で、現在も自衛隊岐阜基地のある場所だ。

帰還後しばらく経ってから、両親が入院先に様子を見に行った。そこで、繁夫の置かれた状況が初めて明らかになった。

「兄貴は怪我について両親にこう言ったそうです。戦場では小便もウンコも垂れ流しで、それこそその中に浸《つ》かっていたような暮らしだった、と。各務原に来てからは綺麗にしてくれて、手術もした。何でも体の右側から弾が二発入って、一発は反対側に抜けたけれど、もう一発は背骨に当たり、骨の真上に抜けた穴が開いておったようです。そこにガーゼなんかを詰め替えるような状態は、村に帰って来てからもしばらく続きました」

繁夫が故郷に帰ったのは終戦を迎えた後のことだった。

各務原の療養所から静岡の陸軍病院に転院した彼は、そこで終戦を迎えた。海軍兵学校にいた行雄もまた、横須賀の基地で玉音放送を聞き、城東村へと帰った。

怪我による脊髄損傷には完全麻痺と不全麻痺の違いがある。四肢の動きが本人に全く感じられず、褥瘡《じょくそう》（床ずれ）ができても気づくことができない前者に対し、後者ではその感覚が程度によって鈍く感じられる。繁夫の怪我は不全麻痺で、村に戻ってからはしばらく松葉杖での生活が続いた。村の公会堂の横にあった農協の支所に仕事も得て、臨時雇いの形で事務作業をするようになったという。

傷自体は固まってきていたが、「リハビリ」という考え方がまだ一般的ではない時代である。病院の担当医は「とにかく安静が一番」と言うばかりで、行雄たち家族は風呂の際にガーゼで傷口をこする程度のことしかできなかった。所詮《しょせん》は素人の傷の手当てである。十分な処置をするための知識もなく、繁夫は強い痛みを感じるらしく、膝の辺りを頻繁にさすって耐えていた。

だが、繁夫はそうした怪我のつらさを、決して他人には見せなかった。その頃、村では青年団活動が活発に行なわれており、若者たちがクラブ活動として年に一度の芝居を披露していた。もともと教師であった繁夫は、小学校に勤めていた頃も青年団の付き合いに協力的だった。子供の頃からのリーダーシップは健在で、演劇の相談に乗るなど周囲からは頼りにされていたという。そのうちの一人の女性と、彼はしばらくして結婚することになる。

そのような外交的な様子は弟の行雄にとって、子供の頃にあとを追いかけたガキ大将の兄の姿と重なるものだった。だが、一方で行雄は周囲に対して毅然と振る舞う兄が、様々な意味で怪我に苦しめられていることを知っていた。

故郷で暮らし始めてから、繁夫の体の痛みはより激しいものになったようだった。医者から処方された痛み止めはほとんど効かず、モルヒネなどの強力な痛み止めを彼は求めたが、病院ではなかなか打ってもらえない。そこで家族は知り合いの伝手《つて》で他の医者を訪ねたり、薬を分けてもらうように頼んだりする必要があった。行雄も知った顔のある袋井《ふくろい》市の病院まで、注射薬を貰いに足を延ばしたこともあった。

「当時は終戦直後で、戦場での負傷が『名誉の負傷』と言われていました。だから、兄貴は弱音を吐くわけにはいかなかった。そういう時代だったんです」

練習が生きがいに

強烈な痛みに襲われ、膝をただひたすらさすりながら痛みに耐える兄の自宅での姿は、見るからに痛々しいものだった。

「兄貴は強い人でした」

と、行雄は言う。

「でも、それだけでは生きていけなかったんですね」

故郷に戻ってから五年ほどが経ち、繁夫は妻とともに小田原市にある国立箱根療養所に入った。その選択が彼にとって、望んだものであったはずがなかった。だが、医療施設のない農村の生活では専門的な治療は望めず、松葉杖をついて歩けるのもいつまでのことか分からない。日に日に増していく体の痛みに耐えられなくなるなかで、繁夫は箱根療養所への入所を決断したのだろう。

そして、彼はそこでパラリンピックへの出場を医師から勧められることになるのである。

行雄は兄の雄姿を見るため、村を挙げて応援に行ったと振り返る。村からは助役を含めた十数人が横断幕を持って織田フィールドに向かった。その頃の行雄は静岡市に勤めていたが、彼も妻と子供を連れて、生まれて初めての新幹線に乗って東京へ行った。

兄のパラリンピックへの出場は親戚から知らされたもので、村ではちょっとした騒ぎになったという。

「田舎ですから、国際大会に兄が出るとなれば、応援に行かなければならん、と。村役場の人たち、議員の方、ご近所の方など、村の代表がこぞって東京に向かったんです」

パラリンピックの水泳の会場は人もまばらで、「地方の体育大会のようだな……」と彼は思った。だが、それでも兄が出場する競技を見れば胸が熱くなり、子供とともに「がんばれ！　がんばれ！」と二階席から大声を出して応援した。

だが、体育館のプールで競技を見ただけの行雄は、開会式の日に兄が宣誓をしていたことを後々まで知らなかったと話す。箱根療養所に入所して以来、兄とはもう長い間、会っていなかったからだ。

「療養所でフェンシングや水泳をやっていたことも知らなかったですからね。本人はパラリンピックに出るからと勢い込んで、痛さを忘れて練習を重ねて、それに生きがいを感じていたようです」

では、青野繁夫にパラリンピック出場のきっかけを与えた箱根療養所とは、どのような場所であったのか。

第2章 傷兵院からの出場者たち

箱根病院の全景（1936年）。（提供：箱根病院）

ルーツは「廃兵院」

私は青野繁夫の暮らしていた国立箱根療養所、現在の国立箱根病院を訪れてみることにした。

箱根登山鉄道線の「風祭《かざまつり》」駅から歩いて五分ほどの箱根病院は、国道一号線がすぐ近くを通る山の麓にへばりつくようにしてあった。以前は日本の脊髄損傷者の療養所であったこの病院は、交通事故や労災による下肢麻痺者の減少や医療の進歩、社会復帰の環境の変化などの時代を反映してその役割も変わり、現在は筋ジストロフィーやＡＬＳ（筋萎縮性側索硬化症）といった神経・筋難病の医療センターとして機能している。だが、許可を得てそこかしこに山道のような道が通る敷地を歩くと、新旧の病棟が混在する院内には当時の面影がまだ色濃く残ってもいるようだった。

かつてこの場所に入所してきた患者は、今も残る緑色のとんがり屋根の大正モダン風の洋館を見たはずである。その木造の建物は、療養所時代からの病院のシンボルだった。

また、コンクリートの急な階段を上り、鬱蒼《うっそう》と木や竹の生い茂った左手の小路をさらにしばらく上っていくと平屋の古い建物が二棟並んでいた。建物はコンクリート製の長屋で、六畳ほどの部屋が連なっている。これはパラリンピックの翌年に建てられた「西病棟」で、以前は木造の病棟だったという。現在は使われていないこの「西病棟」は、傷痍軍人が家族とともに暮らすための場所だった。掛川から夫婦で来た青野もまた、かつてそこで静かに暮らしていたはずだった。

院長の小森哲夫は言う。

「私はこの病院に二〇一〇年に来たのですが、最後の傷痍軍人の方が亡くなられたのはその前年でした。西病棟が閉じられたのはさらに二年前で、残っていた三名の方には一般病棟に移っていただいたんです。今の西病棟は廃墟になっていますが、庭に植えられている金柑《きんかん》や柿、蜜柑《みかん》の木を見ると、当時がしのばれますね。階段の前には門柱が当時はあって、その先にあった病棟は一つの区切られた世界だったのだと思います」

箱根病院の歴史は、そうした一筋縄ではいかない風景に象徴されるように古い。

療養所は一九〇七（明治四十）年、「廃兵院法」をもとに陸軍省が渋谷にあった東京予備病院の分院に設置した「廃兵院」がルーツとなっている。前年に制定された廃兵院法の背景には、日露戦争で負傷して帰還した兵士の中で、手足を失ったり脊髄を損傷したりして働けなくなった人々の存在があった。

廃兵院は翌年に巣鴨へ移転された後、一九三四年に「傷兵院法」の成立によって「傷兵院」と改称され、二年後に現在の場所へと移転された。そして、アメリカとの開戦の二年前である一九四〇年、中国大陸での戦闘で脊髄損傷を負った兵士を一挙に収容する施設として、「国立脊髄療養所」と呼ばれるようになる。一九四五年の戦争末期には百人を超える傷痍軍人が、家族とともに暮らしていたという。

戦後、全国的に傷兵院にルーツを持つ施設は国立の医療機関となっていくが、箱根の場合もその例に漏れず、国立箱根療養所とさらに改称された。その後、全国の脊髄損傷者を専門に受け入れてきた療養所は、一家で暮らす傷痍軍人と交通事故や労災で脊髄を損傷した一般の入所者が混在する時期が長く続いた。青野が入所していたのも、戦後の療養所のそんな時期に当たる。

道には落ち葉が積もり、各戸の共同の庭に松の大木がそびえる西病棟の建物の壁には、茶色く枯れた蔦《つた》が絡みついていた。今は人の気配の全くない病棟の姿を見ながら、私はその数か月前に東京で会った後藤章夫の話を思い出していた。

日本初のオーダーメイド車椅子

取材時、八十一歳になろうとしていた後藤章夫は「日本ウイール・チェアー」という会社の元代表で、一九六〇年代から車椅子の製造を手掛けてきた人物だった。当時、日本では競技用のものはもちろん、現在見られるような一般的な車椅子もほとんど使用されていなかった。よって、パラリンピックの際も日本人選手たちは、アメリカやイスラエルから調達された車椅子を借り、体に合わない大きさを持て余しながら競技に出場したのである。

箱根療養所では「箱根型」と呼ばれる木製の車椅子が使用されていた。それは三十インチほどの大きな前輪が二つ、後輪は一輪という三輪タイプで、第一次世界大戦後に患者の搬送用に作られたものだった。

そんななか、東京で鉄工所の知人とメーカーを立ち上げた後藤が、欧米で使用されるような新しい車椅子を開発するため、箱根療養所に幾度となく通ったのがパラリンピックの翌年から数年間のことだった。

「あの頃、日本で使われている車椅子というのは、どれもいろいろ不備がありましてね。車輪の車軸が折れたり、キャスターがぶれたりと不満がいっぱいあったんですよ。それを解消したものを作れば、買ってもらえるのではないかと思って始めた商売だったのですが……」

と、自宅で会った後藤は回想した。

だが、その当初の目論見《もくろみ》は外れ、療養所や病院での営業はほとんど門前払いだったという。

「ま、はっきり言って売れないんですよ。当時の医療機関にとって車椅子は医療機械のオマケみたいなものでね。大きな医療機械、例えば障害者をお風呂に入れるリフト付きのハバードタンクなんかを納入するとき、ついでに仕入れるようなものだったんです。だから、その人に合ったオーダーメイドの車椅子を、高いお金を払ってまで買おうとはしなかった時代なんだね」

そんなとき、会社の仲間が耳に挟んだのが、小田原の箱根療養所に脊髄損傷に詳しい医師がいる、という話だった。医師の名前は今井銀四郎と言い、脊髄損傷の治療やリハビリの導入で知られていた慶應義塾大学病院出身の整形外科医だった。今井は同じ慶大病院の医師で、脊髄損傷治療の権威の一人であった岩原寅猪《とらい》の弟子筋に当たる人物とのことだった。

岩原医師は箱根療養所の元院長で、その弟子である今井医師に認められれば自分たちの車椅子も売れるようになるかもしれない。そう考えての飛び込み営業だった。

東京から車で初めて箱根療養所を訪れたとき、小高い山裾の森の中に人目から隠れるように建つ病棟を見て、「ああ、こんな場所があったんだ……」と彼は思った。

当時は一般の病棟が四つあり、完成したばかりだという真新しい鉄筋の西病棟には傷痍軍人たちが住んでいた。何より印象に強く残ったのは、車椅子を必要とする人々の暮らす療養所にもかかわらず、あらゆる場所に行くために坂を上る必要があったことだ。

街から病院の入口に向かう道からしてかなりの急坂で、それぞれの建物や病棟と病棟のあいだ、山の上の原っぱのグラウンドと、どこに行くにしても坂を上り下りしなければならない。

この起伏はパラリンピックに向けた練習の際、選手にとっては自然の地形を活用した良い訓練になったのだが、それはあくまでも結果論である。例えば西病棟の傷痍軍人たちは太平洋戦争だけではなく、古参の入所者の中には日露戦争で怪我を負った者もいた。かつて国のために戦ったはずの彼らは「廃兵」などと称され、箱根の山中で恩給を貰いながらひっそりと暮らしていたことになる。後藤が見た当時の彼らは、まさに社会から隠されてきた存在でもあった。

箱根療養所を初めて訪れた彼は、このとき今井医師から一人の女性入所者を紹介された。

「この女性に合う車椅子がないので、君のところで作ってみるかい?」

今井は車椅子の構造には詳しくなかったが、患者からは慕われている医師であるようだった。東京に戻った後藤は鉄工所にこもり、徹夜作業でパイプを曲げたりつなげたりして最初の車椅子を作った。それは、おそらく日本で初めてのオーダーメイドの車椅子が誕生した瞬間だった。

後藤は現場の医師たちの助言を聞きながら、患者の褥瘡の場所や体のバランスに合わせて、座った際の重心を変えるなどの工夫をこらした。そうして作った第一号車が療養所内で評判を呼び、ウイール・チェアーの車椅子は口コミで広がっていったという。

当時、関東エリアで脊髄損傷者の療養や治療を行なっていたのは、箱根の他に国立村山療養所、川崎市の関東労災病院が主だったところだった。以来、後藤はこの三か所を車で回りながら、車椅子の注文を取って改良を続けた。

十九人が出場した箱根療養所

東京の田無に事業所を構えていた後藤は、中古の営業車を購入して三時間かけ箱根療養所に通った。そうするうちに、療養所の入所者たちの生活の様子も徐々に分かってきたと話す。

例えば、当初は大勢いると感じた傷痍軍人の入所者だが、それでも以前に比べれば半数になっているとのことだった。GHQによって廃止されていた恩給が復活すると、多くの入所者は療養所を出て家を建てたと聞いた。また、怪我をする前から妻帯者だった人は少なく、青野がそうであったように、「負傷後に何らかの縁や事情があって一緒になったと言う人が多かった」と彼は回想する。

西病棟に住んでいる傷痍軍人たちは、部屋で食事の準備をする妻の傍らで、竹細工を作ったり時計の修理をしたりしていた。聞けば、鉄砲で撃たれた患者が最も尊敬されており、馬から落ちて脊髄損傷を負った者に比べて「位」が高いといった風潮もあり、また、軍隊在籍当時の階級で呼ばれている者もいて、否が応にも二十年前まで続いていた戦争の残滓《ざんし》が色濃く残っているようだった。

彼らは一～五号棟にいる一般の患者とも交流があった。仲の良くなった入所者を西病棟に呼んで家庭料理を振る舞う家族もいた。療養所には風祭の商店から御用聞きが定期的に来るので、買い物には不自由しなかった。だが、労災で補償金をもらっている入所者とそれ以外の入所者の間には経済的な格差もあり、病院食に飽き足らない思いを抱く入所者に傷痍軍人家族の振る舞いは大いに喜ばれているようだった。

そのなかで、リーダー格の存在としてみなに慕われていたのが、パラリンピックで宣誓を務めた青野繁夫だった。ちなみに、後藤は青野と深い付き合いはなかったが、同じ頃にパラリンピックの「語学奉仕団」の一員として訪れた療養所で彼と出会い、後々まで交流を続けた手塚百合子は当時の思い出をこう語っている。

「……あの頃の私たちは二十代の学生がほとんどでしたから、代わり映えのない施設の生活に退屈していたのでしょう、入所者の方々には訪問がずいぶんと喜ばれたものでした。日々の仕事と言えば、土産物屋さんで売る竹細工をみなさんよくやっていました。そんな生活の中でパラリンピックの練習を始めたのですから、あの大会で生活はがらりと変わったと思います」

手塚は箱根療養所で入所者と話すうちに、とりわけ青野夫妻と気が合った。青野は上半身ががっしりとした壮年の男性で、いつも妻が寄り添うように傍らにいた。初めて出会った頃、彼は「ここではこんなものを作っているんだ」と竹細工や定規、彫刻や鏡を収める額や三つ引き出しなどを見せてくれた。

青野は人に言わない痛みを常に抱えていたが、決して寡黙な人間ではなかった。

「戦争中に川へ潜ったときに撃たれたんだ」

そうしたつらい過去について話すようなときも、彼の表情は淡々として決して暗いところはなかった。

彼は会話の中で、「掛川に帰りたいなぁ」と言っていた。

「あっちに行けば自分の家も近いし、何より空気が綺麗な場所だから。いつか掛川に家を建てて帰りたいんだ」

「あら、青野さん、箱根だって空気は綺麗じゃない」

手塚がそう答えると、青野は首を振ってこう続けるのだった。

「こんなところじゃないよ。あっちは雀の色だって違うんだ」

以来、手塚は雀を見るたびに、「色が違うなんてことがあるかしら」と目を凝らすようになった――。

後藤はこうした人々の暮らす療養所に、車椅子を作るために繰り返し通った。自身でオーダーメイドの車椅子を二号車、三号車と製作するにつれて、二十代だった彼は同世代の入所者と友人のような関係になっていった。そして、そのなかには一九六四年のパラリンピックの出場者たちもいた。

パラリンピックには日本から五十三人が参加したが、そのうちの十九人が箱根療養所の出身者であった。

後藤が出会った療養所のパラリンピック出場者とは、いったいどのような人々だったのだろう。

私は彼から笹原（旧姓・井上）千代乃と長谷川雅巳という名の二人の出場者を紹介してもらい、当時の話を聞くことができた。

独白I 「わたしには選択肢はなかったの」——笹原千代乃の場合

卓球ダブルスでの銅メダル

パラリンピックに出た後、わたしはあちこち転々としたけれど、昭和四十四（一九六九）年にこの家を建てたの。療養所で出会って結婚を約束した人に一年待ってもらってねェ。小田原の大工さんにお願いしたのですが、彼も車椅子用の家を建てるのは初めてだと言っていました。我が家にあるスロープはそのときのままなのよ。わたしたちの家が建ってから、たくさんの人たちが見学に来て、神奈川県でも障害者住宅がいっぱいできるようになった。障害者同士で結婚する人も増えましたしねェ。だから、たくさんの人がこの家に集まって、わたしはまるで飯場《はんば》の女将さんみたいになった。料理も練習して上手になって——。ええ、あの大工さんはこの家を建ててから、何十軒とこういう家を建てたのじゃなかったかしら。

わたしはパラリンピックには卓球で出たのだけれど、あれ以来、卓球なんてしたことはありません。でも、こうして外の世界に自分が出てこられたのは、パラリンピックが第一歩だったと思う。夫はもう亡くなってしまったけれど、あの経験がなければ結婚もしなかったと思うから。

笹原千代乃に私が会ったのは二〇一八年十月のことだった。後藤に教えてもらった住所を頼りに車を走らせると、乗用車一台がぎりぎり通れる道を上った小高い丘の上に、八十歳を超えて一人で暮らす彼女の平屋の一軒家はあった。

車椅子に座る彼女は猫背の小柄な女性で、年のせいか耳が少し遠くなっていたが、一つひとつの仕草や表情に愛嬌を感じさせる女性だった。神奈川県におけるバリアフリー住宅の「最初の一軒」であったかもしれないという自宅で、彼女は車椅子を自分の体の一部のように今も扱いながら、私にお茶を淹れて運んでくれた。

彼女は、本人が語るように卓球のシングルスとダブルスに出場した。ダブルスを組んだのは開会式で旗手を務めた小笠原文代で、そのときが初対面であったそうだ。箱根療養所からパラリンピックに出場した十九人のうち、女性はこの二人のみだった。ダブルスでは銅メダルを獲得したが、彼女の持つメダルにはシングルスの刻印があった。メダルを見つめながら、

「わたしはダブルスでメダルをもらったのに、間違えられたのかしら。おかしいわねエ」

と、彼女は控えめに微笑んだ。

インタビューに同席してもらった後藤が、

「チヨちゃん、それを首からかけて写真を撮ってもらおうや」

と、何度か勧めたが、彼女は「恥ずかしいから、そんなことはしないわ」と顔を赤くして、頑としてメダルをかけようとはしなかった。

後藤はメダルを彼女に身につけさせるのを諦めると、しみじみとした調子で話した。

「笹原さんを見たときは、なかなか綺麗な人で、喋ると田舎弁だけれど、私と同い年だし非常に親しみを感じました。仕事が全くない時期に今井先生のところに行ったら、車椅子を欲しい人が二、三人いてね。その一人が千代乃さんだったんだ。とにかく本

人たちに話を聞かないと始まらないから、そんなときは消灯時間を過ぎても話し込んでいましたね。まァ、車椅子の話は必要なことを聞けばすぐに終わるんだけれど、本当にたくさんの話をみんなでしたものですよ」

後藤がそう続けると、彼女は「そうよねえ……」というふうにうなずき、遠くを見つめるように再び微笑んだ。

丸の内ＯＬが半身麻痺に

笹原は結婚前の姓を井上といい、パラリンピック開催の半年前に箱根療養所に入所した。脊髄に怪我を負ったのはその前年で、それまでは東京の丸の内にある法律事務所の事務職員として働いていたという。

当時を物語る記憶は今も鮮明で、私は質問を重ねながら、彼女の語る「もう一つの一九六四年」をめぐる話に引き込まれていった――。

――

わたしね、山梨県の石和町《いさわ》（現在の笛吹市《ふえふき》）の生まれなの。七人きょうだいの下から二番目。

父は果樹園をしていて、母は温泉旅館をしていたのだけれど、子供の頃はまだ町に温泉は出ていなくてね。あるとき、田んぼを掘ったら湧いてきたというので、大騒ぎになったのよ。お湯の温度はとても高かったけれど、川に流れてちょうどいい具合になっていてねえ。それで、友達とみんなで水着になって浸かりにいったのを覚えています。母はその温泉の権利を買って旅館を始めたのね。

スポーツ？　そうですねェ。わたし、そう言えば子供の頃からスポーツは大好きだったわね。ドッジボールも得意だったし、中高時代はバレーボールをしていたの。高校のときはボール拾いばかりだったけれど。

勉強をあまりしなかったから、本当は山梨大学に行きたかったんだけれど、受験はしませんでした。それで東京に就職で出てくることになったんです。でも、何しろ昭和三十年頃の話でしょ？　就職難でねえ。たまたま優秀な兄が司法試験の勉強をしていて、東京の法律事務所に伝手があったの。それで、十九歳のときに第二東京弁護士会というところで働き始めたのね。兄が勉強をしながら、そこで書生をしていたから。

仕事はタイピストでした。ただ、もちろんタイプなんてしたことないから、桜木町のYMCAで三か月間、タイプの練習をしてから働き始めたの。思えば、すごい事務所だったわねェ。だって、何百人という弁護士さんがいたんですから。その人たちが謄写版《とうしゃばん》でいろんな書類を印刷するのを手伝うんだけれど、一枚の書類を打つのに容易じゃなく時間がかかるので、徹夜仕事はしょっちゅうでした。きっと、若かったからできたのね。

でもね、わたしは田舎から出て来たから、最初は職場の人たちに山梨弁を笑われるのが恥ずかしくてねェ。みんなが面白がって、電話がかかってくると、「あんた、出なさいよ」って意地悪されるの。「わたくし」なんて恥ずかしくて言えないわ。「あたし」とか「あたい」でしょ。そんな方言を聞いてみんなが笑うのよ。それが嫌だったから、わたしも一生懸命に標準語を練習したものでした。それが、東京で働き始めたときの思い出……。

東京の法律事務所で働いていたわたしが、どうして怪我をしたのか？

はい、あれはちょうど給料日で、外では雨が降っていてね。あの頃、ヒールの高い靴が丸の内のＯＬには流行《はや》っていたの。ヒールのところがとっても細いやつよ。それをはいて東京駅の階段を上っていたら、前から駆け下りてきた人とぶつかっちゃったの。その日はわたしがお給料をみんなに渡すはずだったのに……。

気を失って、あとのことは覚えていません。気が付いたら近くの病院にいて、それから医科歯科大学を紹介されて移ったみたい。とにかく、気が付いたときはベッドの上でした。


そうして医科歯科大学病院に入院中、彼女は医師から脊髄に深刻な怪我を負っていることを伝えられた。

数か月間続いた入院生活はつらいものだった。怪我をしたばかりの彼女は、自分で車椅子に乗ることができなかったし、そうしようという気力も湧かなかった。当時、病院には患者を運ぶための医療用の車椅子があった。寝かせた状態で患者を乗せた後、背を起こすことのできるストレッチャーのようなタイプのもので、本郷にある製作所で作られていたという。彼女は看護師に頼んでその車椅子に乗せてもらうと、よく病院の屋上に連れて行ってほしいと言った。

「屋上に行って外の景色を見ながら、ここから飛び降りたらどうなるかな、なんて思ったり……。そんなつらいことばかり考えていましたよね」

今の彼女は少し笑みさえ浮かべながらか細い声で言う。

「でも、塀があって、とてもそれを乗り越えられないから、自分で覚悟して、『ああ、これはやっぱりまだ生きろということなんだな』って」

「女性の出場者がほしい」

家族も二十代前半で半身麻痺となってしまった娘について、何をすべきか悩んでいたのだろう。温泉旅館を経営していた母親は所沢に住まいを購入し、退院後の彼女はひとまずそこで母親とともに暮らすことになった。だが、この時代に脊髄損傷者がどう生きていくかのモデルケースはなく、二人は途方に暮れるばかりだった。

「寝たきりでトイレに行くことができないから、着物やシーツをいつも汚してしまってねえ。それを洗う母が言うんです。『毎日、洗濯ばかりしないといけない。ちいちゃん、一緒に死のうよ。お母さんがいるからね――』って」

二人は脊髄損傷の患者を受け入れる施設として、箱根などに療養所があることは入院時の主治医から聞いていた。担当の医師からも「ここにこれ以上いても仕方がない。どうしても専門の病院に行かなければならないのだが……」と言われ、実際に藁《わら》にも縋《すが》る思いで箱根療養所に連絡をしてみると、八十人以上が入所待ちの状態だと告げられた。さらに他の脊髄損傷を診察できる整形外科や療養所にも連絡を取ったが、どこにも空きは見つからなかった。

そんななか幸運だったのは、義理の姪が看護師をしており、箱根療養所の医師に伝手を頼って連絡が取れたことだ。早速、紹介してもらうと、しばらくして松林と名乗る療養所の医師が、なぜか所沢の家までわざわざやってきた。そこで彼女は、全く想像もしていなかった提案を彼から受けることになる。

「今度、東京オリンピックのあとにパラリンピックという大会がある。もしその大会に出てもらえるのなら、療養所に入ることができるが、どうだろうか？」

一九六四年の春の出来事だった――。

先生にそう言われたとき、わたしはもちろんパラリンピックなんて聞いたこともありませんでした。

それで、大会には五十人くらいの日本人が出る予定になっているけれど、女性の出場者が少ないのだと先生は仰《おつしや》るんです。旗手を務めた小笠原さんはもう亡くなっちゃったけれど、当時、彼女は横浜の方の病院にいて、ばんばん車椅子を使っていたそうです。

でも、他に女性選手がいないと、卓球のダブルスにも出られないでしょ。だから、「もう一人くらい女性の出場者が欲しい。そもそも日本で海外の人たちを迎える大会なのに、女性がいないのはおかしいという話になっている」ってねェ。要するに、わたしがパラリンピックに出られるような患者だったら、優先的に箱根に入れてあげる。もしダメだったら帰ってもらうというわけです。所沢の家から入所するための支度《したく》をぜんぶ、用意して箱根に行ったのだけれど、「ダメだったら持って帰ってもらうからね」と念を押されたんですから。

わたしはね、あんまりパラリンピックみたいなところには行きたくなかったのよ、本当は。だって、怪我をしたことだってまだ受け入れられていなかったのに。そんなときに、国際大会と言ったってねえ……。人前に出るのが嫌で嫌で、そんな恥ずかしいことしたくない、っていう気持ちでしたよ。

でも、わたしには選択肢はなかったの。だって、家にいてもどうにもならないし、療養所は満杯でどこも空いていないんですから。パラリンピックに出ないと箱根にはいられないのだから、みんなからも「どうしても出るように」って言われて……。だから、わたしはしょうがなくパラリンピックに出たんです。

療養所にはプールがあって、脊損のおじさんたちが泳いで練習をしていてね。ビニールのプールですよ。地面に穴を掘ってそこにビニールを敷いてあるの。

そこにまずは連れて行かれて、「泳いでみなさい」と言われたの。

わたし、山梨の生まれで、子供の頃は川で泳いでいたでしょ。だから、簡単に泳げると思っていたけれど、あれは流されているだけだったのね。結局、腕と手をばたばたするばかりで、ちっとも泳げやしない。水もがぶがぶ飲んじゃった。

「先生、プールはダメ」

そう言ったら、

「何か他にスポーツはやったことがある？」

と、先生に聞かれたの。

中高時代はバレーボールをやっていました、と答えたら、今度は「卓球でもやってみるか？」となった。

「卓球はやったことないわ。遊びのピンポンくらいならできますけど」

そうしたら、それなりに筋が良かったのね。ひとまず合格ということになって、卓球のコーチを付けるから、療養所に入って練習を続けなさいと先生が言ってくれたんです。それがちょうど五月、パラリンピックは十一月だから、まだ半年ある。マンツーマンで練習をしなさい、って。

「脊損が結婚なんて……」

そうして箱根で暮らし始めたときのことは、忘れもしません。

最初は部屋が空いていなくて、レントゲン室の隣にあった天井の高い部屋に入れてもらってねェ。こう言っては申し訳ないけれど、そのときは「なんだか牢屋みたいな場所だなァ」って思った。

そもそも箱根行きが間近に迫ってきてからはイヤでイヤで。話が決まって三日くらいしたら母が泣いて、山梨に帰ろうかって言っていたくらいでした。温泉があるから帰ろうって。箱根に来たら先生からは「そんなこと言わないで、せっかく来たんだから、卓球をちゃんと練習して、パラリンピックに出てから帰りなさい」と言われちゃいましたけれど。

でもね、そんなふうに最初は暗い気持ちだった箱根の生活が、わたしはだんだんと好きになっていったの。

例えば、はじめに入った隣の部屋にYさんという女性がいた。彼女は療養所の傷痍軍人の方と結婚していて、隣から新入りのわたしのことを「頑張って」って応援してくれた。

彼女と知り合ったときは、本当に驚いたわねェ。彼女は「あなたも結婚しなきゃダメよ」といつも言っていた。脊損なんて、結婚なんて夢のまた夢。わたし、そんなことぜんぜん考えたこともなかったから。

そのレントゲン室の隣から、今度は女性の四人部屋の普通の部屋に引っ越したの。怪我を受け入れる気持ちになれなかったわたしは、ここはイヤだと母に言っていました。ところがそうやって相部屋の人たちと話すと、みんなとても明るいのが意外でした。

「怪我をしてから何年くらい経ったの？」

そう聞いたら、同室のＡさんは「十三年」って言う。

あの頃の脊損といったら、三、四年かそこら生きられればいいと言われていた。わたしはそれどころが、明日死んでもいいっていうくらいの気持ちだったのに、彼女は十三年と言う。思わず聞き返しました。「十三年も生きるの？」って。すると、Ａさんは笑ってこう続けたのよ。

「なに言ってるの！　傷痍軍人の人たちの中には、もっと長い人がいくらでもいるわよ」

彼女たちは、いろんなことを助けてくれました。布おむつも持って来てくれたし、トイレの練習も手伝ってくれた。それから、男の人たちも車椅子に乗る練習を手伝ってくれました。

毎朝ね、西病棟にいるFさんという女性が、「千代乃さん、時間だよ」と迎えに来てくれるの。それで、坂を上る練習をして、畳のお部屋に連れて行ってくれる。「ここなら怪我しないでしょ」って車椅子に乗る練習をしたんです。

当時は木の三輪の車椅子に乗っていました。でも、後に後藤さんが作った車椅子を見たら、すっかり憧れちゃってねェ。とても欲しくなって先生にお願いしたんです。それで寸法を測ってもらったのが、後藤さんとの出会いでした。

だから、わたしの箱根の第一印象は「人が明るい」ということでした。でも、どうして明るいんだろう？　しばらくすると、その理由が分かるような気がしてきました。

例えばね、病院のご飯が美味《おい》しくなければ、それは食べないでラーメンを作ったり、鍋でご飯を炊いたりしていてねェ。風祭の街にお魚屋さんや八百屋さん、米屋さんも床屋さんもあったし、必要なものはだいたいそろっていて、電話をすればすぐに持って来てくれる。病室には御用聞きが来て、薬局の人も「薬はいかがですか」なんて言って入ってくるんだから。みんな町にそろっていたの。

療養所にはそんなふうに療養所の生活がある。それに慣れてしまってからは、なんだか楽しくもなってきて、療養所を離れるのが今度はイヤになってきた心持ち。死んでしまいたいと思っていたのが嘘みたいでしょ。

傷痍軍人の人たち？　もちろん仲良くさせてもらいました。そうそう、青野さんのことは特に尊敬していましたね。「チヨちゃん」と呼んでくれていた気がするなァ。奥様は達筆で、すごく人柄の優しい人。後に青野さんが亡くなったときは、遺影を抱いてお風呂に入っていたと聞きました。それくらい愛していたのね……。

これはパラリンピックの後の話だけれど、その西病棟のさらにその上に、アーチェリーやバスケットの練習ができるグラウンドがあったんです。

そこに友達と一緒に行って――その頃は車椅子から降りたり上がったり自分でできるようになっていたから――車椅子から降りて寝っ転がって、青空を見ながら将来の夢を語り合ったりもしたのよ。そのときのわたしの将来の夢が、「家を建てる」ということだった。

箱根はね、とにかく坂ばっかりなんです。車椅子のわたしたちにとっては、半端じゃない坂なんだから。それを毎日、上り下りしたから、うんと力がついた。先生に言われて始めた卓球も、意外と筋がよかったのね。最初はピンポンだったけれど、練習を続けるうちに男の人とも対等に打てるようになった。そうして、パラリンピックまでのわたしの六か月間は過ぎていったのね。

ここで笹原が回想した「男の人」の一人が、卓球でパラリンピックに出場した長谷川雅巳である。

もともと大手ゼネコンに勤務し、趣味で乗っていたバイクでの転倒で怪我をした長谷川は、後に社会保険労務士の資格を取って独立をした理知的な人物である。ウイール・チェアーの後藤とは笹原と同じく、車椅子の製作が縁で知り合ったという。

一九六〇年に怪我をして慶應大学病院に入院していた彼は、入院から九か月後に箱根療養所へ入所した。すでに療養所での生活にもすっかり慣れ、笹原が来たときは彼女を迎える立場だったわけだ。

長谷川は自宅の改装工事中で介護付きのマンションに仮住まいしており、ベッドに寝た状態でのインタビューとなった。

独白Ⅱ「車椅子はひなたぼっこのためだった」――長谷川雅巳の場合

「こんな山の中に来て……」

笹原さんか、懐かしいな。僕はいつも「千代乃さん」と呼んでいたんだけれどね、彼女はあの頃からしっかりした人だった。日本で初めてパラリンピックをやるとなって、女性の選手は二人しかいなかったわけでしょう。だから、若い女の子は珍しいっていうんで、大会前にはメディアがずいぶん来ていたのを覚えています。僕なんかはそれを遠くから見ていた、というのかなァ。

彼女に話をもう聞いたのなら、僕の箱根の話は同じようなものになってしまうんじゃないかな。でも、女の人から見た風景と、男から見た風景とは違うかもしれない。それに僕は昭和三十五（一九六〇）年に箱根へ来たから、パラリンピックの話が出る以前の療養所の様子も知っているといえば知っているわけか。

僕が箱根に来たのは一九六〇年が暮れる頃のことだった。あの頃、オートバイは車の免許を持っていれば二五〇㏄まで乗れたんだ。で、僕もそういうのが好きだったから、ヤマハのオートバイに乗っていたんだけれど、自損事故を起こしてしまってね。二十四歳のときだよ。それまで鹿島建設で事務屋をやっていたっていうのに、一晩明けたら「障害者」と呼ばれるようになっていたんだからねェ。

当時の脊損の病院には手術をする日大系の整形外科と、手術をしないでここ（背中を触る）を伸ばす慶大系があって、僕は最終的に慶應大学病院に入院したんだ。慶應の整形外科部長は箱根の療養所長を兼務していたから、しばらくして箱根療養所を紹介されたんだね。

医者は歩けなくなって絶望している僕にこう言っていたものだよ。

「こんな病室にばっかりいないで、箱根に行けば車椅子に乗ってひなたぼっこができる。慣れてくればお風呂にだって自分で行って、助けを借りれば入れるようになるよ」ってさ。

夏の暑い盛りで四人部屋の病室にいた僕は、それなら早く行きたいなと思った。

でもね、箱根に来たときは、それはもう、頭は真っ白の状態でさ。こんな山の中に来て、俺は皆さんとお別れして、一生涯ここで暮らすんだなァ、とそういう思いよ。

だって昨日までさ、会社が終われば一杯飲み屋で飲んで、おだを上げていたような奴がだよ、車椅子に乗って療養所に入って、たぶん一生そこから出られないだろう、という話なんだから、そういうふうにもなるよ。

そんな心境で箱根に来た僕が最初にいちばんびっくりしたのは、療養所の藤棚の下に傷痍軍人の入所者が何人かいて、そのうちの一人が「兵長さん」なんて呼ばれているのを見たときだった。ほう、まだそんな旧軍隊の呼び方がここでは通用しているのか、って。親しみをこめて呼ばれているのを見て、俺、びっくりしちゃってね。

話はそれだけじゃない。しかも、トレイというか、食事用のお盆があるでしょう？その裏を何とはなしに見たら、「廃兵院」って書いてあるんだよ。これには「えっ⁉」と驚いた。僕は「廃」の字に目が釘付けになったものだよ。これ、千代乃さんは来たときに気づいたかなァ……。

あとで考えてみたらね、療養所《アレ》ができたのはね、たぶん明治か大正かという時期でしょう。

当時の箱根って言えば小田原から見たら、ほら、足柄《あしがら》山の童謡の世界だよね〈〈足柄山で金時は／鹿とおすもうとりました／鹿はころりと負けました〉「足柄山」野口雨情作詞〉。あれ、山でしょう。山の中でしょう。おそらく風祭なんて、小田急だってまだ通っていなかっただろうから、人がほとんど来ないような山の中だよ。

要するに、国は「廃兵院」をそういうところに建てたんじゃないか、と僕は思うんだ。こういう体になった奴が町にいたら戦意に差し障る、という意図で隠したようなものだよ。座敷牢ってのがあったけれど、それと同じ。昔の日本では国がそれをやっていたんだよ。

その昔から療養所にいる傷痍軍人の中に一人、髭をぴっと生やしてみんなから一目置かれている人がいた。なんとその人は八甲田山《はっこうださん》の行軍の生き残りの人だっていうんだから驚いた。本人から聞いたわけじゃないよ。でも、傷痍軍人がいっぱいいるから、しばらくいれば自然と「あの人はね――」と耳に入ってくるんだ。

八甲田山といったら新田次郎の小説で映画にもなったやつだ。本当に見るからに立派な人だったなァ。慶應病院の医者が言った通り、しばらくしてひなたぼっこくらいできるようになってから、僕は彼と風呂で二人っきりになったことがあった。彼は片足の膝から下がなくて、残っている足の指も凍傷でやられていてね。で、風呂で二人だけだと口を利かないわけにもいかない。「君はどうなんだ」なんて言われて、「はい。なんとかやっています」と世間話をできたことが、今でも僕はちょっと得意なんだ。

こうして箱根療養所の生活に馴染んでいった長谷川は、その日々を割合に平穏に過ごすようになっていった。三輪の木製ではあったが車椅子にも乗り、坂だらけの敷地内で「ひなたぼっこ」をしたり、浴場でお湯に浸かったりすることもできるようになった。笹原も言っていたように、電話一本で風祭の街から必要なものを買うこともできる。

しばらくして、長谷川は新しくできた仲間とともに、酒を飲むようになった。療養所での飲酒は建前としては禁止されていたが、酒屋や便利屋に頼めば密かに持って来てくれる。それ以前に傷痍軍人の入所者は妻が買ってくればすむ話で、療養所側も大目に見る他なかった。

「それにさ」

と、長谷川は言った。

「あそこに来てしまえば、もう誰もが治らないってことが分かってるからね。病院にいたときみたいに暗い気持ちにもならないっていうかさ。めそめそしていたって仕方ないわけだから」

傷痍軍人の入所者の一部は、「おかご」と呼ばれる箱根温泉の土産物の竹細工の籠《かご》を編んだり、だるまを描いたりという仕事をしていた。彼も元大工の入所者に勧められ、木片の角を削って落としていく作業をひと月ほど続けてみたが、「一か月で工賃が二百五十円とか三百円とかで、笑い出しちゃったくらいだよ。バカらしくて一生懸命にやろうなんて気持ちにはならなかった」と振り返る。

そのうち仕事はしなくなり、同室の仲間と麻雀や将棋、囲碁をして過ごすようになった。まだリハビリテーションや社会復帰といった考えは療養所にはなかった。療養所の生活に慣れるということは、療養所内だけで完結する生活にこもっていくということでもあった。

イギリス大会に出場した〝先達〟

長谷川が「パラリンピック」という全く得体の知れない催しの気配を感じ始めたのは一九六二年を過ぎた頃のことだ。

当時、長谷川は坂のいちばん上にある病棟の四人部屋におり、隣には年上の安藤徳次という人が暮らしていた。

聞けば安藤は元トラック運転手で、狩野川台風のときに怪我をして箱根に来たのだという。

労災保険の支給を受ける彼は裕福なはずだったが、他の入所者のように酒や麻雀はせず、もっぱら部屋で肖像画を描いていた。囲碁や将棋の盛んな療養所にはプロがときおり指導に訪れる。肖像画についても同じで、講師から熱心に習っていた彼の絵はまるで写真のようだったという。長谷川はそのように技術を習得し、部屋で黙々と絵を描く物静かな安藤を密かに尊敬していた。

その彼が一九六三年、はるばるイギリスのストーク・マンデビル競技大会に出場し、御所で皇太子夫妻とも会ってきたという話は、代わり映えのしない療養所での日々にちょっとした衝撃を与えた。


要するに日本でパラリンピックのホスト国をやるわけでしょう。で、海外の選手たちはストーク・マンデビルやローマ大会を経験しているけれど、日本には障害者がスポーツ大会に出るなんて文化はない。

だいたい僕が箱根に来た頃にはまだ、リハビリとか社会復帰といった考え方だって全く感じられなかった。そこに来て、いざホスト国になって選手を出さなければならないっていうんだから、彼らもかなり慌てたんじゃないかな。

だって、あの箱根というのは国立で国の意向には従う必要がある。ちょうど僕がいた頃は傷痍軍人と僕らのような患者が入れ替わりつつある時期だったわけだけれど、厚生省（当時）は傷痍軍人を早く出したかったから、所長が「傷痍軍人はあと何人いるんだ！」なんて声を荒らげているのを僕は聞いたこともあるんだ。

　パラリンピックのときも同じだよ。これまで障害者のことはぜんぜん眼中にないっていうか、問題にすらしなかった政府がその存在を問題にし出した。急遽《きゅうきょ》、一年か一年半くらいで選手を速成して面目をとにかく保とうとした、というのが彼らの気持ちだったはずだよ。中村（裕）先生がいた別府なんかは進んでいたけれど、箱根の方はまだまだだったから。でも、それからＰＴ（理学療法士）の育成なども始まったのだから、やっぱりパラリンピックが大きな契機になったのは確かだと思う。

　それで、僕は水泳と卓球に出るようにと言われたんだけれど、正直に言って、嫌だったよ。だって、これはまたパラリンピックの後の話だけれど、療養所を出てから大衆酒場とか喫茶店、コンビニなんかに行く度にさ、やっぱり人目が気になるわけだよ。今は平気だけれど、自分で慣れたと言えるのはここ十年くらいのことでね、当時はとにかく療養所の外に出るのが嫌だという気持ちだった。

　なんかねえ、見世物にされるんじゃないか、奇異な目で見られるんじゃないか、って思わずにはいられなかった。何しろ、僕はほんの昨日まではそっち側にいた人間だったんだ。怪我をする前は、そういう人がいるのを見たら「へえ、大変だな」と思っていたんだ。僕自身が、そういう目で障害者を見ていた。

後に箱根を出ることになったとき、隣のベッドにいた奴は真面目な顔をして言っていたよ。

「俺、歯をぜんぶ抜いていこうかな……」って。

療養所を出たら、歯医者にだって俺たちはいけないかもしれない。そういう不安を真剣に感じていたんだね。

例えば、最近だってこんなことがあった。僕の家の近所に暮らしている幼友達が、煙草の吸い過ぎだかなんかで肺線維症になってさ。酸素のボンベを引っ張って歩くようになったんだよ。彼は車椅子に乗っている僕の面倒をすごく見てくれてきたし、だからこそ、障害者の気持ちもよく分かっているはずなんだ。

でも、その彼がボンベを引っ張って歩くのが恥ずかしいと言って、外に出る時はマスクとサングラスをして行くんだよ？「おまえなにやってんだ」って思わず言ったものだよ。七十いくつにもなってね、そんなことやるわけよ？　そういうのを見ていると、この国の障害者に対する眼差しというのは、いったいどれだけ変わったんだろうと僕は思う。そりゃ、見た目や建前は変わったけれど、根っこの部分ではなんにも変わらないんじゃないか、って。どれだけ根深いかって思うよ。

だから、言ってみれば僕も自分自身にさ、うん、まあ、天に唾《つば》するような考え方を怪我をする前はしていたってことだよな。その気持ちを引きずっているから、健常者が自分をどう見るかは自分がよく知っている。

だから、一人か二人でイギリスに行った安藤さんを僕は尊敬していたわけだ。当時の僕だったらとてもできなかった。それでもパラリンピックに出たのは、療養所の友達が出るからだよ。みんなで通りゃ怖くない、ってのと同じで、赤信号をみんなで渡ろうとするようなものだった。少なくとも僕の場合はね。

まァ、それから箱根ではパラリンピックのための訓練が始まったのだけれど、ヒドイのはあのプールだよ。要するに連中は空き地に穴を四角く掘って、厚いビニールを敷き詰めて水を溜めた。そこを泳いで練習しろってわけだけれど、冬の時期なんてもちろん寒くて仕方ない。さすがにお湯を入れていたこともあったな。でも、温かくなんかなりゃしないよ。

　僕は寒いし、そもそも出たくないし、「風邪を引いたらどうするんだ」と言って練習はやらなかった。練習しないなら出場させないと言われたら儲けもんだと思ってさ。それにね、僕は卓球はともかく、水泳の方はやっぱりどうしても嫌だった。こんなに細くなった下半身を見せるのが恥ずかしくてさ。それでも彼らは「出ろ」と言うんだから参ったよ。

　あと、パラリンピックの前にもう一つ問題だったのが車椅子のことだ。スラロームとかアーチェリー、卓球、フェンシングといったって、あの木の車椅子じゃどうにもならない。それで急遽、僕の記憶では二十台くらい、大会の半年前にアメリカやイタリアから仕入れたんじゃないかな。

　あの頃の僕にとって車椅子というのは「ひなたぼっこ」のためのものだった。だから、選手の一人ひとりに新しい車椅子が配られたときは、自分で漕《こ》ぐのが怖くてね。脊損でもいろんな種類があって、僕は胸からダメになったのね。胸椎からやられていて上半身を起こすのも不自由だから、最初は怖くてたまらなかった。それでもしばらくすると、前の方をひょっと上げて、多少の段差なら乗り越えられるようになったのだから、自転車と同じで慣れてしまえばどうってことなかったけれどね。

パラリンピックに向けて鍛錬する長谷川雅巳氏。(提供：長谷川氏)

前例なき「脊損患者と水泳」

長谷川は、笹原や青野たちとともに、パラリンピックに向けての訓練を——それはどこかなし崩し的なものではあったが——続けていった。

ちなみに、長谷川は箱根療養所での水泳訓練について語っているが、ここでもう一人、別の人物の視点からもその訓練の様子がどのようなものだったかを振り返っておこう。

パラリンピック後の一九六五年十二月発行の雑誌『脊損療友』Vol.6に、「脊損患者と水泳」と題する回想が掲載されている。寄稿者の太田光雄はローマ・オリンピックの際の水泳監督で、東京オリンピックの際はスターターを務めた経歴の持ち主だ。

彼がパラリンピックを支援するNHKの事業団から連絡を受け、箱根療養所の脊髄損傷者に水泳の指導をして欲しいとの依頼を受けたのは一九六二年のことだった。

ローマ大会の後に水泳連盟の第一線から退いた彼は、勤務する建設会社が療養所での工事に携わっていたため、箱根にも頻繁に通えると判断し、二つ返事で指導を引き受けたようだ。

だが、脊髄損傷についての知識がほとんどない太田は、〈下半身不随の人々が、水中で脚部の強い運動を要求し、腰の上下のバランスをとらなくてはならない水泳をどうしてやるのか〉と最初は不思議に思ったと振り返っている。また、そのような障害のある人々に、どうやって水泳を教えたらよいか。日本には先例がなく内心では不安も抱いていた。

その日、療養所の中庭にある十五メートルほどのプールを訪れると、十人くらいの入所者がすでに澄んだ水の中で準備をしていた。担当の医師によれば、怪我をする以前に泳ぎが達者だった人たちだという。すぐさまコーチとしての視点で彼らが水に遊ぶ様子を観察した太田は、下半身は確かに衰えてしまっているが彼らの上半身は割合に屈強そうで、足も水中ではよく動いているところに注目した。

しかし実際に泳いでいる様子を見せてもらうと、多くの入所者は十メートルも進まないうちに下半身が沈んでしまい、息継ぎができずにもがいてしまうようだった。それは動かない足の分を手だけで補おうとするあまり、上半身に力が入り過ぎてしまうことが原因と見て取れた。

プールサイドに約80名の介助者を動員し、競技を行なった。

だが、原因さえはっきりしていれば、指導の方法はある。どの入所者も左右のバランスが思いのほか取れており、〈大いに自信を得た私は、この人達に適した泳法と、練習方法を考える事にした〉と太田は振り返っている。そうして療養所に通い始めた彼は、医師から入所者たちの普段の生活やそれぞれの症状を聞いた後、自らの足を縛って泳ぐことで泳法のヒントを探ったというから、なかなかの熱血指導者であった。

彼は体の力をなるべく抜き、頭を低くして泳げば自然と下半身が浮いてバランスが取れることを繰り返し伝えた。熱心な入所者の中には半年後、四百メートルを泳ぎ切る者も現れ始め、それを見た太田は感激した。

〈この練習の間にも、アーチェリーの練習と重なって泳げなかったり、無理をして体をこわしたりして決して平たんなものではなかったし、恐らく患者の方々には他人には云えない多くの苦痛と斗《たたか》って来られたのだと思うが、何とかパラリンピックに出場して、日本の中にもこんな不自由な体でもこうして努力しているのだと云う事を自分自身で試そうと云う、精神力でこゝ迄来たのだと思うと、箱根を訪れる度に胸にこみあげて来るものを感じ、頭の下る思いで一緒に練習したのである〉

太田のこの言葉は当事者であった長谷川の心象風景とは落差があるが、彼が素直な感動を現場で覚えていたことは確かである。水泳の練習に気乗りしなかったその長谷川も、彼については「とても紳士的な人だった」と振り返っている。

そして、この回想録で注目したいのは、担当医師の「松林博士」(笹原をパラリンピックに誘った医師だ)が、同時に医学的なデータを記録していたという指摘だ。松林は競泳に出場する入所者の胸囲や上腕の太さ、肺活量の変化を記録しており、「肺活量が倍位に多くなった」「内臓器官の結石が非常に少なくなって来た」と太田に伝えている。

「日本に障害者はいないのか」という〝外圧〟

二〇一一年になってから、箱根療養所の旧管理棟から当時の様子を映したフィルムが発見されている。その映像を見ると、パラリンピック直前の療養所では入所者たちがそのプールで泳ぎ、講堂でバーベルの上げ下げや腕立て伏せ、フェンシングや「訓練広場」と呼ばれていた高台でアーチェリーの練習をする模様が映し出されていた。印象的なのは、入所者たちの表情にどこか戸惑いが感じられることだ。唐突に「パラリンピック」という大会への出場が決まり、明確な目的も分からないまま様々な器具を扱うことになった彼らが、一様に戸惑いを覚えたのは当然のことだった。

だが、長谷川が療養所に来てからおよそ二年、それはパラリンピックの開催が決定されるまではなかった光景だった。いわば彼は渋々ながらのことであったとはいえ、日本における「リハビリテーション」の最初の光景の一つを、そこで確かに目撃していたのである。

「僕に言わせりゃね」

と、長谷川は言った。

「あれは今思い起こすと、外圧みたいなものだったんだろうね。当時の日本っていうのは、やって来た外国人から『日本に障害者はいないのか』と聞かれていたような時代だった。町には障害を持っている奴なんか誰もいない。息子も娘も出るのを嫌がって、家族も出すのを嫌がって、みんな家の中に引っ込んでいたんだから。それくらい遅れていたんだね。バリアフリーだの何だのと言うけれど、もしパラリンピックがなかったら、それだって今ほど進んでいたかどうかと僕なんかは思うわけだ」

箱根療養所出身の二人の選手の話を聞いて明らかになるのは、彼らが自分の意思とはほぼ関係なく一九六四年のパラリンピックに出場したことだ。

年長の傷痍軍人で教師でもあった青野には大会の社会的意義に対する意識があったが、少なくともまだ二十代の多感な若者だった笹原や長谷川にとって、パラリンピックへの出場は「見世物にされるのではないか」という思いもあり、気の進まないものだったのである。それはスタンドで大会の模様を撮影した船津英夫の映像で、彼らがどこか照れたような笑みを浮かべ、心もとない様子でいたことの理由でもあった。

では、彼ら・彼女らにそうした思いを抱かせた「一九六四年のパラリンピック」とは、そもそもどこから来たものだったのだろうか。

第3章

二人の水先案内人

グットマン氏と中村裕氏。（提供：太陽の家）

「失われた機能を数えるな」

イギリスのロンドンから北西へ六十キロメートルほどの郊外に、牧草地や森に囲まれたアイルズベリーという小さな町がある。その中心から少し離れた場所に建つのが、ストーク・マンデビルという名の病院だ。

この病院内に脊髄損傷科（後の国立脊髄損傷センター）が開設されたのは一九四四年。高橋明著『障害者とスポーツ』によれば、戦傷者の救急医療から社会復帰までを総合的に診《み》るイギリスの医療拠点として、第二次世界大戦の最中に用意されたという。

一九四四年二月、冬になると雪に包まれるアイルズベリーの町に、新しくできたその診療科の科長として赴任したのが、後に「障害者スポーツの父」と呼ばれるルートヴィヒ・グットマンという一人の整形外科医だった。東京パラリンピックの開会式で祝辞を述べた後、皇太子に記念メダルを贈呈した男である。

グットマンは一八九九年、ドイツとポーランドの国境近くにあるシレジア州の、炭鉱労働者の多い町に生まれたユダヤ人だった。

彼が脊髄損傷患者を専門とする医師になり、その治療とケアにおける世界的第一人者となったのは、第一次世界大戦が終わる頃に地元の病院で雑役係として働き始めたことがきっかけだった。病院には戦場での負傷で手足に障害を負った兵士、炭鉱での仕事中の事故で四肢麻痺になった人々が入院していた。治療法もなく長く生きる望みも薄い彼らが将来に絶望する姿を見て、彼は大きな衝撃を受けたのだ。

一九二三年にドイツのフライブルク大学で医師の資格を取得したグットマンは、医学博士号を取った翌年から神経学の教授のもとで助手を務めた。

彼の師事したO・フォスターは第一次世界大戦の脊髄損傷患者を多く治療した人物で、助手に全ての患者の経過と治療過程を把握させる厳しい指導で有名だった。フォスターのもとで神経外科の最先端の経験を積んだグットマンは、三十代で国際的にも高い評価を得る整形外科医となっていく。

だが、歴史はこの一人の医師の人生を翻弄《ほんろう》する。ドイツでヒトラーが台頭し始めると、ユダヤ人の彼は勤務していた病院を解雇され、ユダヤ人の専門病院の院長に選任されるのである。

この時期のグットマンは多くのユダヤ人を、自らの危険を顧みずに治療したという。彼がイギリスにやって来たのは一九三九年、前年にはパリでドイツ人外交官がユダヤ人に殺害された事件などがあり、ユダヤ人への迫害が目に見えて強まった時期である。

亡命後、グットマンはオックスフォード大学で講師をしばらく続けていたが、五年後の一九四四年、イギリスでは連合軍によるノルマンディ上陸作戦での負傷者の増加に備えるため、ストーク・マンデビル病院に脊髄損傷科が開設された。彼はイギリス陸軍の神経外科医の勧めでそのリーダーとして招かれたのだった。

『障害者とスポーツ』の記述によれば、当時の脊髄損傷による患者の生存率は二割に過ぎず、幸運にも生き残った患者も施設や家に引きこもるような生活を送っていたという。家族や施設で介護を受けながら、年金に頼るしかないという者がほとんどだったのである。戦後の日本における脊髄損傷患者の社会復帰は欧米と比べてはるかに遅れていたが、この時期はヨーロッパでも患者の置かれた状況は似たり寄ったりだったわけだ。

そんななか、彼らの社会復帰が可能な環境を医学的にも社会的にも整えるべく支援したのが、ストーク・マンデビル病院でのグットマンの取り組みだった。彼は科長になってすぐに、脊髄損傷の専門医を他の専門医たちがサポートし、看護師や理学療法士ともチームを組んで治療とリハビリを行なう〈包括的治療〉の体制を構築。〈理学療法士は急性期より二四時間体制で患者の動かない足を動かし、看護師は二時間に一回からだの向きを変えて床ずれを防ぎ、その当時の死因の大部分を占めていた尿毒症を起こさせないよう、排尿の教育を徹底した〉（『障害者とスポーツ』）

同書はグットマンの治療における次のような理念を紹介している。

① 苦痛と早期死亡の原因となる褥瘡《じょくそう》や尿路感染からの敗血症は、治療方法が十分認識されれば、完全に防止できる。

② 神経筋システムの再適応力および代償能力を引き出し、高めることによって、余命を延ばし、自信や社会性を強化することができる。

③ 外科や内科といった不統一な専門分野での治療から、脊髄損傷の複雑な問題を多面的に取り扱うという総合管理はできる。

この三つの方針をもとに行なわれるグットマンの治療の効果は大きく、彼がセンター長になった後の病院では、脊髄損傷になってから社会復帰までの期間は約六か月間、その退院後の就職率も八十五パーセントという大きな成果を挙げた。

実際、彼が病院にやって来た一九四四年は患者数六人、ベッド数も二十床だった国立脊髄損傷センターは、こうした成果を背景に大きな発展を遂げていく。約十五年後のベッド数は二百床近くまで増え、病院には四肢麻痺や半身麻痺の治療・リハビリ法を学ぶために、ヨーロッパ各地から専門医が集まるようになった。

しかし、なぜグットマンの病院では、患者の社会復帰率がそれほどまで一気に高まったのか。第二次世界大戦の頃は「生存率」が二割であったことを考えると、八十五パーセントというのはあまりに驚くべき数字だと言える。

その秘密が彼の「理念」の二つ目、〈神経筋システムの再適応力および代償能力を引き出し、高めることによって、余命を延ばし、自信や社会性を強化することができる〉という方針にあった。これはすなわち、患者のリハビリテーションにスポーツを活用したということだ。

グットマンは入院後に悲嘆に暮れ、将来に絶望する若い患者たちを叱咤激励し、病院の敷地内でのスポーツを勧めた。

「失われた機能を数えるな。残された機能で何ができるかを考えなさい」

その際に彼が口癖のように語っていたというこの言葉は、現在もリハビリテーションの世界で有名なものだ。

スポーツはくじけた心を取り戻す

スポーツを始めた患者たちの変化は筋力や体つきだけではなかった。車椅子バスケットボールやアーチェリー、卓球や棍棒投げといった競技に取り組むことで、彼らの多くは体力とともに自信を取り戻し、その自信が社会復帰に向けた最大の原動力になったのだ。

後に東京パラリンピック開催に際して来日したグットマンは、『毎日新聞』（一九六四年十一月八日）のインタビューでも〈セキ《ママ》髄損傷のため下半身がマヒしているものの治療に、私がスポーツを取り入れたのは、患者の心理面を重視したからです〉と話している。

〈スポーツや作業は、きかなくなった筋肉の活動を回復させる効果がある。だが、それ以上に、くじけた〝心〟を取り戻す効果が大きい。自信、競争心、独立心を再び自分のものとし、五体満足な人と互角にやっていける社会復帰への最小の道はスポーツだと考えたのです〉

〈下半身がマヒして、いうことのきかない人たちに水泳やバスケットボールをやらせるのは、痛々しいと思うでしょう。ところがそうじゃない。スポーツのおかげでかれらは再び生きる自信を得たのです。下半身マヒの身体障害者は、もはや年金や慈善の対象ではなく、税金を納める立派な社会の一員です〉

記事でグットマンはイギリスにおいても〈初めは世間が受け入れてくれなかった〉と振り返っている。それでもストーク・マンデビル病院でスポーツによるリハビリが成功したのは、仲間の医師の志と社会の理解・援助があったからだと続けている。

そんななか、赴任から四年後の一九四八年、グットマンが病院内の芝生やグラウンド、もとは馬小屋だった家屋などを利用して始めたのが、病院の名を取った「ストーク・マンデビル競技大会」(Stoke Mandeville games)であった。

この大会の第一回は入院患者のわずか十六人が参加したに過ぎない小規模なものだった。

中村家（左から2人目の子供を抱える女性は妻の廣子氏）とグットマン家。（提供：太陽の家）

女性二人を含む全員が戦争での負傷者だったという。グットマンの野心や意志の強さを感じさせるのは、四年後にはオランダから脊髄損傷の参加者を迎え、これを世界初の国際大会として周囲に売り込んだことだろう。

以後、年を追うごとに大会の規模は拡大し、一九五六年にはメルボルンで開かれたオリンピックで、ストーク・マンデビル大会の組織運営に対し、オリンピック運動の貢献者に贈られるフィアンリー杯が授与された。また、四年後の一九六〇年九月には、第九回となるストーク・マンデビル大会がオリンピックの開催地・ローマで同時開催されることになる。これが前述したように「パラプレジア」によるオリンピック、すなわちパラリンピックの源流となる。

そして、このローマ大会が行なわれる四か月前の一九六〇年五月、日本から一人の医師がグットマンのもとを訪れた。国立別府病院の整形外科医で、当時三十三歳だった中村裕である。

中村裕と「太陽の家」

「主人は二人の子供たちにとにかく『医者になれ』と言っていましてねェ。開業した病院は住宅のあるペントハウスだったのですが、二人の子供たちが夏休みの時期になると、『おい、今から手術を始めるぞ。下りてこい』と手術を見学させていたくらいなんですよ」

中村裕の妻・廣子はそう言うと、在りし日の夫の姿が目に浮かぶのか、何とも懐かしそうに笑った。

私が彼女と初めて会ったのは二〇一九年三月のことである。普段は大分市に暮らす彼女はその日、東京・九段下にある「昭和館」で開かれた「日本のオリンピック・パラリンピック―大会を支えた人々―」の展示を見るため、友人とともに上京していた。企画展示のために夫・中村裕の資料を貸し出していたからだった。宿泊先の帝国ホテルのラウンジで会った彼女は、「私はもともとあまり話をしないタイプだったのですが……」と言うと、「でも、主人が亡くなってからは、主人が今も自分の後ろにいるんじゃないか、と思うくらいに彼の活動について喋るようになったんです」と続けた。

「主人は本当にエネルギーに満ちた人でした。パラリンピックのときも、傍から見ているとある日、突然に『やるぞ』という感じで飛び起きて、それから始まったような感じでした。今だったら宇宙に行こうとしているだろうねェ、と私も言っているくらいなんですよ。きっと、そのように生まれてきた人だったんでしょうね。自分の思う使命があって、パラリンピックでも何でも自分で何とかしようとした。早くに亡くなりましたから、凝縮された人生だったという感じがします」

大分空港から車で約五十分、別府市の中心部の少し手前に、中村が医師として活動の拠点とした亀川という静かな町がある。ＪＲの駅の周辺には車椅子で移動する人の姿が多く見られ、遠くに見えるなだらかな山の上には、アジア圏からの大勢の留学生が通う立命館アジア太平洋大学の広いキャンパスがある。そのためこの一見すると何の変哲もない小さな町は、日本でも有数の多様性溢れる土地柄と言える場所だ。

この地に中村は障害者の就労支援を行なう「太陽の家」という施設を作った。それは日本における障害者の就労支援の草分けとも言える社会福祉法人で、創立はパラリンピック東京大会の翌年の一九六五年である。

当時は脊髄損傷の障害者が働くこと自体、「気の毒だ」「外に出て怪我でもしたらどうするのか」という声が大勢《たいせい》を占めており、病院や施設を出た患者は人目につかないよう自宅に閉じ込められている例も多かった。

脊髄損傷という障害がある人々の就労が全く一般的ではなかったそんな時代に、中村は「保護より機会を」という理念のもとにこの「太陽の家」を作った。最初は数人の入所者から始まった「太陽の家」は彼の猛烈な情熱によって、日本でもほぼ初めてと言える障害者の社会復帰の拠点となっていく。そうした中村裕の活動の原点となったのが、一九六四年のパラリンピックだった。

中村廣子も夫に付き添う形で、パラリンピックに「医療班」として参加した。現地ではスタッフのための掃除、洗濯や料理、買い出しなどを手伝ったという。空いた時間に競技も少しだけ見学し、体に合わない大きな車椅子を四苦八苦しながら漕ぐ日本人選手や、それに比べて体格の良い外国人選手が颯爽《さっそう》と移動していく姿などが印象に残った。

「主人は大会期間中はずっと走り回っていて、いていないようなもの。帰って来たと思ったら、すぐに別の人に呼ばれて忙しくしていましたね」

中村裕について書かれた本には、代表的なものに『太陽の仲間たちよ』という自伝と、没後に深い交友関係にあった作家・水上勉《みずかみつとむ》が中心となって編集した私家版『中村裕伝』がある。水上と中村が親しくなったのは、下半身麻痺だった水上の次女の直子の手術を、国立別府病院で中村が担当したことがきっかけだった。水上は「太陽の家」を構想する中村の支援者となり、私家版の評伝の編者としても彼の実績を残そうとしたのである。

その二つの資料をもとに、中村がグットマンに会うまでの経緯をざっと描いておこう。

リハビリテーション研究で海外派遣

中村は一九二七年、別府市の浜脇《はまわき》という土地に生まれている。父親の亀市は熊本医学専門学校で学び、八幡《やわた》製鉄病院の外科に勤務する医師。母の八重は国東《くにさき》半島の代々続く庄屋の娘で、裕はこの両親の次男だった。

言わずと知れた温泉地である別府で、亀市は裕の生まれた翌年に開業。さらには「別府温泉倶楽部」という名の温泉施設を購入し、自宅と病院が併設されたそこで温泉を活用した治療を始めた。中村家で語り継がれているのは、その亀市の厳しさだ。早朝から五人の子供たちにラジオ体操をさせ、外でしばらく走らせてからひとさじの肝油を口に含ませる。それが日課だったという。

裕は子供の頃からきょうだいの中では最も奔放な性格で、様々ないたずらをしては父親から叱られてきた。〈思いついたら、ためらわずやる。他人が迷惑することなど一切考慮外にある。自分の思いつきを、とりあえず成就させたい〉と『中村裕伝』は書いているが、そのような無鉄砲な性格は死ぬまで変わらなかった。

同書では中村の次のような回想を紹介している。

〈子供の頃から、私はやんちゃで、ヘソ曲がりなところがありましてね。今でも同窓会なんかがあると、「あんなに暴れん坊だったおまえが、福祉などにクビを突っ込むとは全く理解しがたい」と、よく友達にいわれるんです〉

〈私自身、性分として、子供の頃から「やめろ」といわれたら余計やりたくなるようなアマノジャクだったから、反対されれば反対されるほど発奮した〉

中村は幼い頃から機械いじりが好きで、自宅兼病院の医療器具を持ち出して分解しては、あとで父親に叱責されることを繰り返していた。実験が大好きで、自作のパラシュートで病院の屋根から飛び降り、足を折ったこともある。当時、彼の将来の希望は大学の工学部に進み、航空機のエンジニアになるというものだった。

後に整形外科医になった理由についても、〈やはり機械いじりが好きだったからです。整形外科の手術というのは機械をいちばん多く使い、ネジや金ヅチを用いて骨をつないだりしますからね〉と本人が語っている。

また、戦争末期、肋膜炎で手術をした彼は徴兵こそされなかったものの、自ら嘆願書を海軍の大分司令部に出して軍の飛行機工場で働いている。その際は工員としての技術を認められ、最終的には零式《れいしき》戦闘機のエンジンを触っていたそうだ。

中村はいよいよ戦局の押し迫った終戦の年の四月、工学部への進学を両親から猛烈に反対され、小倉《こくら》医専に入学した。八月十五日の敗戦直後は仲間とともに竹槍を持ち、日本に上陸するアメリカ軍を阻止しようと行動したという話もある。

翌年の一九四六年、小倉医専の学科が学制の変更で廃止されたことを受け、中村は九州大学付属医学専門部に編入。この頃から熱心に勉強に取り組み始め、医学部を卒業後は九州大学の整形外科医局に入った。

一九五〇年代は大戦中の戦傷者だけではなく、経済復興の中で工場や炭坑での事故が増え、「整形外科」が外科の一部から一つの専門性を持つ分野として注目され始めた時期だった。そして、そのなかで中村が指導を受けたのが、医学生時代からの恩師である天児《あまこ》民和《たみかず》という整形外科医だった。

天児は日本における「リハビリテーション」の紹介者の一人で、戦前にはドイツの肢体不自由児施設を視察するなど、欧米の先端医療を学んできた人物だった。留学中だった一九三六年にはベルリンでオリンピックが開かれ、日本選手団の医療担当を務めたこともある。戦中は大阪や東京の陸軍病院に勤務し、戦傷で両足麻痺になった患者を診察。彼らにシリンダー工場での旋盤工の仕事を紹介したという。

中村はこの医局の教授である天児から、「リハビリテーション」という概念を初めて教えられた。『中村裕伝』には次のようにある。

裕は、天児教授に呼ばれて、

「最近、欧米ではリハビリテーションということが盛んなようだから、君ひとつ研究してみないか」

と、言われた。これが（注・昭和）二十八年頃である。

当時はまだ「リハビリテーション」という言葉を誰も知らなかった。東京で力道山が温泉をやっていて、それに「リハビリテーション」と書いてあった位で、辞書を引いても刑務所の受刑者を更生させることといった説明があるだけである。裕は戸惑い、天児教授はどうしてこんなことを自分に命じるのかと、妙な気持になった。

図書館に行っても「リハビリテーション」について書いた本は殆んど無かった。英語やドイツ語の本を辞書を引きながら半年ばかり読み漁っているうちに、おぼろげに判りだした。

こうして中村はリハビリテーションの考え方に出会い、天児とともに研究を続けていくことになった。その成果が国立別府病院の整形外科長となった翌年、一九六〇年一月に二人の共著として出版した日本初のリハビリについての教科書『リハビリテイション――医学的更生指導と理学的療法』となる。

そして、同書を出版した翌月、中村はリハビリテーションの研究のため、厚生省から欧米に派遣されて六か月間ほどの視察旅行を行なうのである。

中村裕、グットマンに会う

中村裕がロンドン郊外のストーク・マンデビル病院を訪問したのは、前述の通り一九六〇年の五月のことだった。

二月に日本を出発した中村は、北米のプールや運動場のある大規模なリハビリテーション施設を視察し、理学療法士や作業療法士といった専門職がチームを組み、治療から社会復帰までの道筋を付ける様子を間近で見た。〈日本はまだあんまやマッサージの段階であったから、とても日本は真似できないと溜息を洩した〉(『中村裕伝』)という。その上で視察地の一つとして訪れたストーク・マンデビル病院でのグットマンとの出会いは、その後の人生を一変させる衝撃を彼に与えることになった。

同病院はロンドン空港からバスで約一時間半の距離にあり、当時は高速道路を降りてからしばらく道の悪い田舎道を揺られて向かった。ロンドン郊外の穏やかな丘の続く風景は美しく、牧場や野鳥のいる木立、花々の咲く車窓の様子は訪れる者の心を慰めるような長閑《のどか》さがあった。

そうして到着した病院の敷地は広大で、緩やかな傾斜のついた土地に平屋の病棟が建てられていた。さらにそこから少し離れたグラウンドには、以前は厩《うまや》だったかまぼこ型の建物がいくつか並んでいた。

自伝『太陽の仲間たちよ』によると、その日、彼は味噌と醬油を入れた鞄を背負い、旅先のホテルを予約する時間もないままにストーク・マンデビル病院を訪れた。近くの公衆便所で背広に着替えてグットマンに会うと、彼は初対面の中村に対して遠慮なくこう言ったという。

〈きみは日本人か。いままでにも何人もの日本人がやってきたよ。みんながここのやり方

を真似したいといって帰っていった。ところが、いまだに一人として実行していないようだ〉

やんちゃでへそ曲がり、「やめろ」と言われたら余計にやりたくなる――と自己分析する中村である。こう告げられては黙っていられず、

〈ほんとうにすばらしいものなら、私は真似をする〉

と、グットマンに食ってかかった。

〈すばらしいと思うかどうかは、きみの主観の問題だ。事実だけをいえば、ここの脊損患者の八五パーセントは、六ヵ月の治療・訓練で再就職している〉

〈それがほんとうなら、その治療法をぜひ学びたい〉

〈納得できるまでいるがよかろう〉

そう言われた中村は、グットマンの言葉が本当かどうかを確かめなければならないという思いが胸に渦巻いていたと続けている。

〈脊損患者――病気や事故で脊髄の機能をそこねて、下半身にマヒなどの障害をおこした人――といえば、当時の日本では再起不能者であり、生ける屍《しかばね》とみられていた。その重度

障害者が六ヵ月で、しかも八割以上が社会に復帰するとは――おそらくウソだろう。ザックをかついでノコノコやってきた東洋の若造《わかぞう》とみて、軽くホラを吹いているに違いない。あるいは、ほんとうだとすれば、よほど特殊な治療法があるのだ。私は、ともかく教えを受けにきたのだから、秘術というものがあるなら、何としてもつかんで帰らねばならないと考えた〉

かなりドラマチックに描かれているやり取りではあるが、敗戦時に竹槍で連合軍を迎えようとしたという中村らしい述懐だろう。これが彼の側から見たグットマンとの出会いだった。

ストーク・マンデビル病院で中村が目にしたのは、当時の彼の想像とは全く別の「秘術」であった。彼はまず、日本では行なわれていない特別な治療法があるのではないかと考えたが、手術室での医師の施術はいたって平凡なものだった。技術的には日本の外科医の方が優れているようにも感じられ、手術後の患者もこれまで日本で診察してきた患者と変わるところはなかった。

八十五パーセントの社会復帰率

では、グットマンはどのような方法を用いて、八十五パーセントという社会復帰率を達成しているのだろうか。

中村は厚生省から与えられた研修期間が刻々と少なくなっていくことに焦りながら、グットマンのもとで仕事を続けた。持ち前の押しの強さで立入禁止の倉庫にも入り、二千人分のカルテやレントゲン写真にも目を通した。

そのなかで彼が気づいたのは、グットマンの治療法が的確なチームプレイによって進められていることだった。

回診チームは担当医の他に理学療法士、作業療法士、医療体育士によって構成され、患者の一人ひとりの多様性に沿ったリハビリが指示されていた。また、同じチームにはソーシャルワーカーや養護学校の教師、就職を斡旋《あっせん》する担当者なども加わり、身体的な訓練だけではなく社会復帰への道筋を同時につけていく。

さらには障害者の社会復帰の受け皿も職業訓練センターや重症者向けの国立の工場など

多様で、医療と教育、社会制度が一体となった治療体制があった。

〈日本だと、骨なら骨を立派につなげればそれで名医の評価が得られる。しかし、むこうはそうじゃない。患者が完全に社会復帰できるまで面倒をみるのが医療である、という考え方なんです〉（『中村裕伝』）

例えば──と中村はイギリスと当時の日本の福祉制度の違いについて、自伝の中で分かりやすく解説している。

いわく、イギリスでは社員数二十人以上の企業では三パーセント以上の障害者雇用が必要であること。退院前には自宅の玄関、トイレ、浴室を車椅子での生活ができるよう改造し、車椅子や尿器といった支援器具を支給すること。労働者には自動三輪車、戦傷者には改造済みの小型自動車の給付があること。また、同国には千百か所の障害者向けの就職斡旋所があること……。

対して日本の障害者福祉制度はどうだったか。〈当時のわが国の状況はといえば、まさに天地雲泥の差〉と彼は書き、一九六〇年の厚生省社会局調査と労働省調査の数字を紹介している。

〈身体障害者福祉法による六級以上の身障者は、全国に九四万九〇〇〇人。人口一〇〇〇人につき一〇・二人。うち肢体不自由者は五九・七パーセント。全体の一七パーセントは不就学。生活保護を受けているもの七・五パーセント（一般の四倍）。一五歳以上の就業者は四六パーセント（ただし、そのほとんどは自営業）〉

〈従業員一〇〇人以上の事務所の常用労働者四八九万三〇〇〇人のうち、身障者は四万三〇〇人。雇用率は平均〇・八二パーセント〉

同じ時期、イギリスでは人口千人のうち身障者が十四・八人で、その雇用率ではなく失業率が七・九パーセントだったのである。

こうした欧米との障害者の社会復帰の差は、中村に大きな衝撃を与えた。

「病人」でなく「人的資源」

ストーク・マンデビル病院の国立脊髄損傷センターの設立の背景にノルマンディ上陸作戦があったように、欧米で肢体麻痺者の社会復帰が進んだのは、戦争で傷ついた負傷兵たちの存在に社会が向き合おうとした結果だった。欧米の社会は彼らを「病人」として保護の対象にせず、環境と機会さえ整えれば働くことのできる〈人的資源〉として捉えようとした。しかし、日本では戦後の復興期における就職難の中で、〈いわゆる白衣の傷痍軍人の存在は忘れられた〉と中村は怒りを込めて綴っている。そうした日本と欧米の違いはどこにあるのか。

〈イギリスの現実を見て、「医者は患者を治療するもの」とだけ考えていた私は、まさにマブタ《ママ》からウロコが落ちる思いを味わった〉

医療や医師が果たすべき役割とは何か。それは患者を技術によってモノを修理するように治すことではなく、社会の中に労働もすれば家族も持てる一人の人間として送り出すことではないか。そのために医師は何ができるのか……。

ここに書かれている中村の思いは、後に「太陽の家」を別府の地に創設し、障害者が迷いなく社会復帰できる環境を作るため、「保護より機会を！」を理念として社会と真っ向から戦った彼の人生の方向性を決定づけた「気づき」であった。

そして、彼がそのための「第一歩」として帰国後に日本ですぐに行なおうと心に決めたのが、医療にスポーツを大々的に取り入れて社会復帰への道筋を付けるグットマンの手法だった。

日本での「訓練」はマッサージや電気での刺激、医学的には根拠のない温泉治療といった受動的なものばかりだったが、ストーク・マンデビル病院でのリハビリ治療は〈自分の筋肉を使って自らはいあがっていく、というような能動的な治療〉だった、と中村は言う。

前述の通り、グットマンはたとえ手足の麻痺した患者であっても、最初の救急的な治療を終えて少しでも動けるようになると、すぐさま叱咤激励をしながら病院内の体育館や小さな競技場、プールに連れて行った。卓球ではラケットを握ってバランス感覚を養い、プールでは理学療法士が付きっ切りで泳ぎを指導するためである。

イギリスでの障害者の社会復帰率の高さは、充実した社会保障制度に加えて、このようなリハビリの手法が確立されていたからであった。グットマンはスポーツを取り入れたこの包括的なチーム医療に絶大な自信を持っており、中村に対してもその重要性を懇々《こんこん》と説いて伝えた。

中村が研修に訪れた一九六〇年はローマ・オリンピックの年であり、同地で二十二か国、四百人の選手が参加する第九回ストーク・マンデビル国際競技大会も数か月後に控えていた。グットマンはオリンピック後に同じ施設を使って初めて行なわれる大会について、やはり誇らしげに話したはずである。

中村は休日の当直中に見た次のような光景を、自著の中で印象深く回想している。

休日に私が当直をしていると、ふらりと立ち寄る家族連れがいる。

「家族の面会や見舞いがない患者はどこにいるか」

「あなたは？」

「見舞いにきた。これからピクニックに行くが、ここに寄るつもりで一時間早く家を出た。弁当も患者に食べてもらうために余分につくってきた」

彼らはごく自然な態度で患者の爪を切り、病室に花をいけてからレジャーを楽しむ。

こういうことが、ごく当たり前のことになっている国である。

中村はこうした光景を見つめながら、〈一つの大きな目標を与えられた〉と思った。

〈世の中に身体障害者はあっても、仕事に関して無能力者はあり得ない。足がだめなら手で歩け、手足が動かねば口が残っている。失ったものを数えずに、残った能力をフルに活用し、彼らを社会復帰させることを目標に、スポーツなどを取り入れたものすごい機能訓練をおこなっていた〉（『中央公論』一九六五年十二月号「太陽の家」誕生、中村裕著、『中村裕伝』より）

グットマンの治療方針である「手術よりスポーツ」という考え方を、日本でも必ずや実践すること。そして、障害者が当たり前に働ける社会を実現すること——。

グットマンが〈いままでにも何人もの日本人がやってきたよ。みんながここのやり方を真似したいといって帰っていった。ところが、いまだに一人として実行していないようだ〉と言ったように、日本には社会的にも予算の面でも大きな壁が立ちはだかっているが、それでも信念さえあれば同じことが成し遂げられるはずだ。

四年後の東京ではオリンピックが開催される。国際ストーク・マンデビル競技大会はその年で十三回目となるが、グットマンはその東京オリンピックと国際ストーク・マンデビル競技大会を同時開催したい意向を中村にも伝えた。

ローマ大会のように東京に国際ストーク・マンデビル競技大会を誘致することは、果たして今の日本で実現可能なのか？　彼の胸にはそれを是が非でも実現したいという夢が膨れ上がり、帰国する頃にはその思いが抑えがたいほど大きなものになっていた。

父の遺志を継いで

中村裕と廣子の間には太郎、英次郎、万里子という三人の子供がいる。二人の息子は父親の目論見通り医師となり、武蔵野音楽大学の弦楽科を卒業した長女の万里子も、後に大分市内の明野中央病院の院長となる医師・木下昭生《あきお》と結婚している。大分中村病院の理事長を務める太郎と、同じく明野中央病院の理事長で整形外科医を務める英次郎の二人から、私は在りし日の中村裕の姿について聞くことができた。

取材時に五十七歳になる英次郎は写真で見る中村裕によく似た壮年の医師で、堂々とした白衣姿が見るからに頼もしい人物だった。

「とにかく二言目には『太陽（の家）に行ってくる』と言って、ちょっと暇があったら出て行ってしまう。自宅にはいつも『太陽の家』の人や車椅子の障害者の人たちが来ていて、それが当たり前という感じでした。太陽の家、社会事業のこと、家庭のこと、自分の病院のこと……と、自分の頭のなかにあることの全てを全力でやっているような人でしたよ。何しろ夜に帰って来てから手術をして、翌朝五時から診察をしていた。今、自分が父の亡くなった年齢になってみると、どれだけパワフルな人であったかを実感します」

車椅子の患者に接する際、床に膝をついて相手の目線の高さで言葉をかけ、肩をぽんぽんと叩く父親の姿をよく覚えている、と彼は話した。

診察室の隅を借りての取材がひと段落すると、彼は「ちょっと院内を案内しましょうか」と言って、私を院内のリハビリテーション室に連れて行った。そこでは交通事故で脊髄損傷となった十歳くらいの女の子が、車椅子から降りてちょうどリハビリをしているところだった。英次郎は女の子ににこやかに話しかけ、「よし、がんばっているね」と優しく彼女を励ましていた。その姿は彼の思い出の中にある父・中村裕そのものでもあるのだろう、と私は思った。

また、大分中村病院の理事長として同じく整形外科医をしている太郎は、幼い頃から医師を目指した弟の英次郎と異なり、もともとは医師になるつもりはなかったという。本が好きな物静かなタイプで、「医師になれ」と激しく言う父親とは軋轢《あつれき》もあったようだ。だが、現在の彼は父の遺志を継いで、「太陽の家」の理事長やパラリンピックへの同行医師も務めてきた。

「太陽の家」の前理事長でもある彼には、大分中村病院の理事長室で話を聞いた。部屋には父親の遺した世界地図（自らが訪れた都市がマークされている）が飾られており、彼もまた弟の英次郎とは異なる形で、父親を敬愛していることが伝わってくるようだった。

「父は実にアグレッシブな人で、空襲警報が鳴っても防空壕に逃げずに一人だけ飛行機を作り続けていた、という話を聞いています。そうしたら防空壕の上に爆弾が落ちて、一人だけ生き残ったというんですね。その体験は父にとって大きかったのではないかという気がします。軍国主義の中で育ったので、戦後も欧米に負けたくないという気持ちが強かったのでしょう」

と、彼は言った。

「そんななか、父は国立別府病院の整形外科の部長をやりながらパラリンピックをやっていたわけです。日豊本線《にっぽう》（九州四県に跨がる鉄道路線）が電化され出したのは昭和四十一年ですから、それまでは東京に行くのに一日半くらいかかっていた。東京パラリンピックの五十三人の日本人選手のうち半分くらいは父の患者だったのですが、あの時代に脊髄損傷の人を東京に連れて行ったのは、それだけでも相当に大変なことだったと思います」

第4章

語学奉仕団とその施し

語学奉仕団の腕章。（提供：郷農彬子氏）

一九六〇ローマ大会の伝道師

一九六四年に障害者の国際スポーツ大会をオリンピックとともに開催する——。

そのための具体的な動きは、一九六一年に日本の身障者関連団体が集まって組織した「身体障害者スポーツ振興会」が端緒《たんしょ》となっている。

中村がストーク・マンデビル病院での研修を終えて帰国した頃、日本でも障害者スポーツに対する関心は一部の関係者の間で徐々に高まっていた。その大きなきっかけが、ローマ・オリンピックの後に開かれた第九回国際ストーク・マンデビル競技大会を、共同通信ローマ支局長の妻・渡辺華子が観戦していたことだ。

彼女は国際労働機関（ＩＬＯ）での勤務経験のある労働問題・福祉問題の研究者で、帰国後に聖心女子大学で特別講義を行なった。その際に卒業生の美智子妃に会う機会があり、後にあらためてローマで見聞きした大会の模様を東宮御所で説明したともいう。

一九九六年から二〇〇七年にかけて侍従長を務めた渡邉允《まこと》が、『文藝春秋』二〇一三年二月号に、そのときの経緯を〈妃殿下は渡辺さんの話をノートにとりながら熱心に聞かれ、まず皇太子殿下（現在の上皇）にお話しになり、当時の東宮大夫などとも相談されつつ、お立場上許される範囲でお知り合いのスポーツや福祉の関係者に話され、意見をきかれました〉と書いている。

その「意見をきかれた一人」が青少年赤十字の橋本祐子で、話が彼女を通して元厚生事務次官で日赤の副社長だった葛西嘉資（当時の日本障害者スポーツ協会会長）にも伝えられると、美智子妃は〈ふさわしい関係官庁につなげられたことに安堵され、以後は問題をその人々の手にゆだねられました〉と渡邉允は続けている。

渡辺華子は一九六一年七月八日の『読売新聞』のコラム「ときの目」で、そのとき見たローマ大会の様子を紹介している。

渡辺はコラムの中で小児麻痺の人々について、自分たちにも自発的に何かできることはないかと問い、その中で〈たとえばすでに小児マヒをわずらって身体障害を持つようになった子どもさんやそのご家庭が「身障者を特殊視する世間の冷たさ」ゆえに絶望感を持たれることを防ぐことなどは、私たちの心がけ次第でできそうに思う〉と所感を述べている。

東京パラリンピック開催の源流とも言える人物のエッセイであるため、少し長くなるがここで紹介しておきたい。

通称パラリンピックというこの競技大会に参加したのは、小児マヒによる身障者だけではなく、他の病気や労災、戦災による身障者などまちまちだったが、とにかく車イスに乗ればスポーツのできる選手が各国から四百人以上も集まり、イタリアの青空の下で銀輪を連ねて入場したのは、まことに壮観だった。

槍投げ、弓術、水泳など連日の競技でも、選手が応援団を兼ねたり、どの国の勝利者にも、がんばり屋にも盛んな声援が飛んで、そのふんい気はまさに草運動会といったところ。実をいえば、私は対抗意識と緊張感の過剰な一般オリンピックよりも、このなごやかな、文字通り勝つことよりは参加することを目的としたパラリンピックの方が、気分がくつろいで見ていてずっと楽しかった。

「そりゃあ、外国はお金があるから身障者のオリンピックだってなんだってできますよ」というのが日本人のきまり文句だが、そういう人は一体どの外国の、どういう標準に照らしてそうきめてしまうのだろうか。

経済成長率では日本同様めざましいイタリアだって、国内の一部にしつこい後進地帯があって財政は決して楽ではない。それならなぜイタリアが身障者オリンピックまで主催できたかといえば、イタリア国民の身障者に対する意識が進んでいるからだと思う。

例えば——と渡辺はさらに続ける。

イタリアには官民の企業に身体障害者の雇用を義務付ける制度があること、バスや電車の最も出入口に近い場所に優先席が設けられていること、自身が通っていた理髪店にはろう者の美容師が働いており、店では口話と手話を交えてコミュニケーションを取っていたこと……。

ストーク・マンデビル競技大会が初めてイギリスの外に出てローマで開かれた下地には、こうした障害者に対する理解があったはずだと彼女は指摘した上で、〈それをなんでもお金で片づけてしまうのは、あまりにも研究心が足りない〉と日本のあり方を問うている。〈日本がいきなり「東京パラリンピック」に飛びつくべきかどうかは、その道の権威者たちに慎重に協議していただくべきだが、せめて日本が加盟国になるように、平常から身障者の厚生に関心を持つぐらいは私たちがするべきことだと思う。「日本では五体そろった人さえ食うに追われているのに、身障者のスポーツなんて非現実的だ」という考えの人も多いが、そういうセンスで進んでいくと、せっかくの福祉国家が精神からしてぐらついてきはしないか〉というわけである。

帰国後の彼女がこうした観戦記を新聞に書くと同時に、大学の講演でも話したことが美智子妃と「パラリンピック」をつなげ、様々な関係者を巻き込んで日本開催への端緒となったのである（また、彼女のエッセイを読むと、当時のローマにおけるストーク・マンデビル国際競技大会が、すでに「パラプレジアのオリンピック」という意味で「パラリンピック」と通称されていたことも分かる）。

渡辺からの報告を聞いたもう一人の人物が、傷痍軍人の団体である世界歴戦者連盟の日本理事・沖野亦男《またお》だ。沖野と、国立身体障害者更生指導所長の稗田正虎《ひえだまさとら》という二人は「身体障害者スポーツ」をテーマにした冊子を刊行しており、彼らを通して関連団体に対する関係各所への講演など啓蒙活動が始まっていく。

そんななか、グットマンからは沖野と稗田宛に、東京パラリンピック後に「ストーク・マンデビル国際競技大会」を開催して欲しいという要望書も送られていた。「身体障害者スポーツ振興会」は、これらの動きが合流する形で設立されたものだった。

渡辺の「ときの目」が『読売新聞』に掲載された二週間後、この稗田が七月二十一日の同じ読売新聞紙上で次のような問題意識を語っているので紹介しておこう。

〈セキ髄損傷で下半身不随になった人の回復に、日本では七、八年はかかる。それでも社会復帰の見込みはなく、ただベッドの上で生きているだけという例が多いのです。それがアメリカでは四か月の入院治療で歩くことと自動車の運転を覚えて、八か月で社会復帰をしている。この点だけを考えても日本は四十年はおくれています。医学的になおすだけでなく、生きる自信と意欲をもたせる社会的治療をしなければ、ほんとうになおったとはいえないのです。そのためにはスポーツで記録にいどむことは大きなはげみになるのです。イギリスでもはじめは車イス競争だけだったのが、槍投げや球技を加えて、身障者だけのルールで記録更新を楽しませています。〝失ったものを数えず、残っているものを数えよ〟という言葉は更生への大事な心がまえなのです〉

失ったものを数えず、残っているものを数えよ——というグットマンの言葉を紹介しているところに注目したい。東京での大会の開催案は、こうした欧米における障害者スポーツの紹介者たちの周辺から、徐々に厚生省をはじめとする国の関係機関に広がっていったのである。

大会準備は〈雲をつかむような状態〉

だが、身体障害者スポーツ振興会は、ローマ・オリンピックに倣《なら》って「東京でも国際身障者スポーツ大会をやらなければならないらしい」と関係者がその中で認識し、とりあえず作られたものに過ぎなかったのも現実だった。よって、当初は活動を行なおうにも何から始めてよいのか分からず、振興会の役割もいまひとつ曖昧《あいまい》だった。日本ではまだ障害者スポーツそのものが一部の医療者によって認識され始めた段階であり、〈東京で国際大会をやれるような体制もなかったし、何をどうしてよいのかまったく雲をつかむような状態〉（『中村裕伝』）であったからだ。

この状況をどうにか動かそうと精力的に活動したのも中村裕だった。

まず、彼は地元大分で一九六〇年のうちに国内大会を開き、日本で初めてと言っていい脊髄損傷者の体育大会の開催という前例を作った。また、いくら東京で話をしても反応の薄い厚生省の官僚に業《ごう》を煮やし、同時期に朝日新聞厚生文化事業団の事務局長・寺田宗義のもとを訪ねてこう支援を求めたという。

〈今にして東京オリンピックのあとに〝東京パラ〟を開催できないとすれば、福祉国家ニッポンの看板は国際的にみて偽りになるであろう〉(日本身体障害者スポーツ協会編『創立20年史』)

一九六二年四月、この朝日新聞厚生文化事業団とNHK厚生事業団を中心に、厚生省などの関係官庁、障害者団体の代表者クラスの会議が行なわれた。

もともと国は国内のスポーツ大会で前例作りや振興を行なった後、パラリンピックの開催を日本でも引き受けるかどうかをまずは協議するつもりだったようだ。だが、東京オリンピックの開催時期までですでに二年を切っており、その短い時間で大会を実現するためには、協議を続けている時間はない。ここは思い切ってパラリンピックの同時開催を決めた上で様々な環境を整備すべきだ、という方針がこのとき決定される。さらに東京での大会は下半身麻痺だけではなく、他の肢体不自由や視覚障害、聴覚障害など障害がある人全般を対象としたスポーツ大会にすべきだという方向性も確認された。

続いて翌月の五月十日、朝日新聞社の六階にあった談話室に中村を含む二十一人の各機関・団体の代表者が集まり、「国際身体障害者スポーツ準備委員会」を結成した。委員長に社会福祉事業振興会の会長で元厚生事務次官の葛西嘉資が選ばれると、ここでも中村は猛烈な熱弁をふるい、二か月後に開催される「第十一回ストーク・マンデビルゲーム」に日本から選手を派遣することを提案している。問題となったのはそのための資金で、中村は朝日新聞とNHKの厚生事業団に保証人を頼んで大分銀行から百万円を借り、さらには愛車だったルノーを売却して選手の旅費を作ったという。

日本から派遣されたのは、中村の勤務する国立別府病院の患者が一人、同じく別府の国立別府療養所の入所者が一人の計二人の選手だった。

前者は大分県出身のオート三輪の元運転手で、仕事中の土砂崩れで脊髄損傷を負った伊藤工、三十七歳。後者は三重県出身の吉田勝也という人で、九年前に海への転落事故で腰椎を圧迫骨折した二十七歳の元漁師だった。

中村の意図した通り、日本の障害者が初めてスポーツの国際大会に出場するというニュースは、全国的にも注目を浴びる出来事になった。日本代表選手の壮行会は首相官邸で開かれ、車椅子に乗った伊藤と吉田は出発前に首相の池田勇人《はやと》と会談。新聞各紙もその様子を伝えた。

中村が国際ストーク・マンデビル競技大会への選手派遣にこだわったのは、視察時に交わしたグットマンとの約束を何としても果たしたいと思っていたからだった、と『中村裕伝』は伝えている。

「この競技会の目的は、世界中の身体障害者を国際スポーツ競技で堅く結びあわせ、本当のスポーツマンシップによって同じ病気の人たちに希望と、勇気を与えることにある。また身体障害者がスポーツを通じて、いろいろな国の人たちとの友好と理解とを増進することは、身体障害者が社会に対してなしうる最上の貢献である」

こう語るグットマンに認められるためには、これまでの日本人は視察に訪れるだけだったと初対面のときに言った彼に対して、れっきとした行動を見せなければならないという思いが中村の胸裡《きょうり》にはあったのである。

また、中村がこうした提案と行動を思い切って実行できたのは、これまでも何度か紹介した葛西嘉資の存在が背景にあったことも指摘しておくべきだろう。

元厚生事務次官の葛西は厚生省の社会局長を長く務め、日本の敗戦直後には連合軍と生活保護法の制定を巡ってやり取りを続けた人物だった。

当時の日本には生活困窮者を平等に救済するという社会保障の概念は希薄で、連合軍から「無差別平等」に困窮者を保護すべきとする指令が出た際、葛西はその根拠となる「生活困窮者緊急生活援護要綱」の閣議決定などに事務方のトップとしてかかわった。町に傷痍軍人や結核患者が溢れる時代に、日本の戦後の社会保障制度の源流で仕事をしたわけである。葛西は障害者政策の行く末にも多大な関心を持っており、厚生省や皇室にも顔が利く実力者であったため、パラリンピックの開催を目指す上で欠かせない存在となっていく。

『中村裕伝』の編者はストーク・マンデビル競技大会への選手派遣について、その彼から次のような言葉を聞き取っている。

〈とにかく、派遣しようじゃないか、大会を〝見る〟ということだけでもいいから派遣しよう、と言ったのです。普通の役人は、まず予算を立てて、それからということになるが、その時は選手派遣ということが先でした。わたしも中村君も似ていて、とにかく〝行く〟

ということを優先させた。しかし、情けない話ですが、金が無かった。どっこも貸してくれないので困りました〉

後に葛西の部下として東京パラリンピックの事務方として働き、当時は大分県の行政マンだった井手精一郎《いでせいいちろう》は言う。

「このときの厚生部長が団長になりまして、別府の保養所にいた選手を二人、派遣したんです。大分の飛行場で私も見送りましたが、ようやく皆がやる気になったのはそのときでしたね。もうやらなければしょうがない、と」

皇太子夫妻と卓球ラリー

そうして二人の選手が派遣された第十一回国際ストーク・マンデビル競技大会には、二十か国から三百十九人の選手が参加した。成績は卓球と水泳に出場した吉田が水泳で三着になってメダルを獲得している。そして、グットマンは約束を果たした中村を歓迎し、「君は実行力のある数少ない日本人だ。いま君の仕事は始まったばかりだ。今後も粘り強く、頑張り通して欲しい」(『中村裕伝』)

と、彼の行動力を褒《ほ》め称《たた》えたという。

選手の二人は帰国後、副団長として同行した中村とともに東宮御所へ招かれ、皇太子夫妻に大会の様子を報告している。

その際、皇太子と美智子妃は二人の選手と卓球をした。最初、車椅子に乗った吉田らが御所のホールでラリーを見せると、「それでは私たちも」と夫妻から希望したという（『読売新聞』一九六二年八月九日夕刊）。

まずは美智子妃が吉田と対戦し、次に皇太子に代わった際はデュースを四度繰り返す接戦となった。「まさか試合ができるとは思いもよらなかった」と吉田たちは語っている。

脊髄損傷以外も対象に

翌一九六三年の五月に国際大会の開催を正式に承諾した準備委員会は、同年には再び第十二回国際ストーク・マンデビル競技大会に加え、オーストリアのリンツで開かれた「第一回国際身障者スポーツ大会」にも五人の選手を派遣している。

このリンツでの大会は脊髄損傷による下半身麻痺だけではなく、全盲や四肢切断者なども対象にしたものだった。そこに日本人選手を送ったのは、中村が西ドイツを視察した際、ケルン体育大学のローレンツェンという教授から打診されたことを受けての判断だった。

また、この年はリンツでの大会を七月二十一日に終えると、三日後の二十四日から今度はストーク・マンデビルでの大会が始まるため、中村と葛西はオーストリアからすぐさまイギリスに向かうという過密スケジュールをこなした。そして、その大会期間中に日本は参加した二十二か国から理事国の一つに選ばれ、翌一九六四年における第十三回国際ストーク・マンデビル競技大会の東京での開催が正式に決定された。

『中村裕伝』はこのときの葛西の次のような談話を紹介している。これを読むと、いかに当時の葛西にとって国立別府病院の整形外科部長であった中村が、パラリンピックへの水先案内人になっていたかが分かる。

〈中村君が居なかったら、困ることばかりでした。会場も見ようということで、ストークマンデビルに中村君と一緒に出かけた。（注・昭和）三十七年と八年の二回にわたって行ったと記憶します。もう行く時は、日本でやることが一応内定していましたから。

グットマンは、中村君を『わたしの弟子だ』と言っていましたな。

行ったら泊るところがない。ストークマンデビル病院のお医者さんの泊る宿舎があるんです。そこに泊めてくれることになった。みんな中村君が交渉してくれたんですが、なかなか積極的でした。そこに一週間いましたかな。

スキヤキをつつきながら、東京大会をどうしてやるかと相談したのはこの時です。食堂で毎日、洋食ばかりだから『米の飯が食いたいなァ』と言ったんです。すると中村君が、『じゃ、スキヤキでもやりましょう』と言って、どこで買い求めて来たのか、肉などの材料を取り揃えて、米もみんな買ってきたんです。それを自分で炊いてくれたんですからね。二人でそれを食べながら、予算がないとか、金はどうして集めようかとか、話し合ったのです。しかし、金のことなど考えていたら、とてもやれそうにない。中村君が居なかったら、東京パラリンピックはやれなかったかも知れないね〉

また、『報告書』によれば、グットマンは葛西宛の書簡で、東京大会の開催をこのような調子で喜んでいる。

国際ストーク・マンデビル競技委員会会長　ルードイッヒ・グットマン

葛西嘉資　殿

国際ストーク・マンデビル競技委員会規約第三部第一項の規定に従い、一九六四年オリンピック競技会の直後東京において開催予定の一九六四年国際ストーク・マンデビル競技会に対し、日本が開催国としての資格をもってＩＳＭＧＣのメンバーになるよう招請されることを、私は大きな喜びをもって御通知申上げます。

私は、貴委員会から公式に御受諾いただくと同時に国際ストーク・マンデビル競技委員会に参画される貴殿の指名される代表者名を御通知下さるようお願い申上げます。同封の写《うつし》、規約第三部第一項の規定に従って、次の事項を決定いたしましたから御諒承下さい。

それは指名を受けた三名の代表者から構成される小委員会が競技会前に東京を訪問し、日本側実行委員の方とともに組織および手順の詳細について討議させてもらいたいということです。

一九六〇年国際ストーク・マンデビル競技会をローマでオリンピック競技会の諸制約下にオリンピック後に行なった際、われわれはイタリアオリンピック委員会から緊密な接触ときわめて大きな協力を得たのでした。

私は東京において開催される下半身マヒ者のための国際ストーク・マンデビル競技会が輝かしい成功を収めるよう熱望するとともに、この機会に貴殿ならびに御いっしょに事に当っておられる方々に対し、その御熱心と御協力とに対し、感謝の意を表するものであります。


ところで、この『報告書』にはグットマンと準備委員会との二年間にわたる書簡でのやり取りが、いくつか紹介されている。その内容を順に追って読んでいて注目すべきは、グットマンが「パラリンピック」という名称を全く使用していないことだ。

彼はあくまでも東京大会を「第十三回国際ストーク・マンデビル競技会」と呼び、さらにはそれを「東京において開催される下半身マヒ者のための」大会だと暗に強調している。脊髄損傷による下半身麻痺以外の障害者に門戸を開いたリンツでの国際大会についても、その主催者とグットマンは当初、対立関係にあったようなのである。

こうしたグットマンの「脊髄損傷」と「ストーク・マンデビル」へのこだわりについては、東京パラリンピックの事務方だった前述の井手精一郎がこんなエピソードを語っている。

「パラリンピックの際に来日したグットマンは、私に最後まで『これはパラリンピックではない』と言っていました」

井手の目に映るグットマンは「とにかく頑固オヤジという感じ」で、「ノー、パラリンピック、ノー」と口癖のように言っていたという。

井手がどうにか英語で理由を聞くと、「ディス　イズ　ストーク・マンデビルズゲーム！」とグットマンは言い放った。その様子を見て、井手は「『パラリンピック』なんて余計なことを言うんじゃねえ、というような頑なさ」を感じたものだった。

グットマンを師と仰いだ中村ではあるが、一方で彼はローマ大会に倣って東京大会を「第十三回国際ストーク・マンデビル競技大会」とせず、リンツでの経験をあえて取り入れようとした。また、この頃には葛西も中村と志を一つにしていたが、脊髄損傷以外の障害に対象を広げた背景には、大会を主催する国からの要望もあったと井手は証言する。パラプレジアだけの国際大会にしてしまっては、全ての障害者のための国際大会であるという大義名分が立てられない、というわけだ。

「もちろん、当時の大会には精神障害者も知的障害者も入っていませんから、それでも対象とする範囲は狭かった。しかし、大会を所管する厚生省も身体障害者福祉法を根拠にパラリンピックをやるのですから、その考えには一理あったわけです」

こうした事情を背景にしていたとはいえ、中村と葛西がリンツ大会の価値観に共感を寄せていたことは確かだろう。そこで彼らは第一部を「国際ストーク・マンデビル競技大会」として開催してグットマンの顔を立て、海外からの招待選手も出場する国内大会を第二部に据えた上で、その全体を「東京パラリンピック」と呼ぶことにした。この大会はパラプレジアのための大会だと主張するグットマンに対し、日本での大会を二部制にするという案の独自性は、中村と葛西というグットマンにも劣らない二人の「頑固者」の面目躍如でもあったと言えるだろう。

バーやキャバレーで募金活動

さて、こうして東京パラリンピックの大枠は決まったが、一方で中村と葛西がイギリスですき焼きをつつきながら話した資金の問題は、どのように解決されたのだろうか。

パラリンピックの開催に必要とされた予算は約九千万円で、そのうち国が二千万円、東京都が一千万円を計上している。当時の新聞記事によると、残りの六千万円については自転車振興会、自動車工業会、ロータリークラブなどの協力を得て、主に民間からの寄付で都合を付けようとしたという。

〈日本では昨年5月8日にパラリンピック運営委員会（厚生省内）を設け準備にとりかかったが、資金には大弱り、ヘリコプターまで無料で貸してくれ、金品の寄付が殺到したオリンピックとちがって、寄付を依頼してもお断りが続出、同運営委は頭を痛めていた。この実情は9月20日の『朝日新聞』に掲載された。そして同運営委、社会福祉事業振興会の職員たちが仕事の合い間に地味な努力をつづけた〉

と、パラリンピック開催直前の一九六四年十月十二日付『毎日新聞』には書かれている。

記事によると、企業の多くが非協力的であったものの、結果的に大口では自転車振興会が二千五百万円を寄付し、自動車工業会も同じく二千五百万円相当の車椅子で乗れるバス九台を準備した。また、準備委員会の資金難の状況が新聞で伝えられると、〈「乗用車を運転手つきでお貸ししたい」と申し出た東京・豊島区池袋の会社社長（45）、10円玉を集めて持参した高校生、学校で募集した中・高校生など、寄金はだんだん集まり始めた〉という。

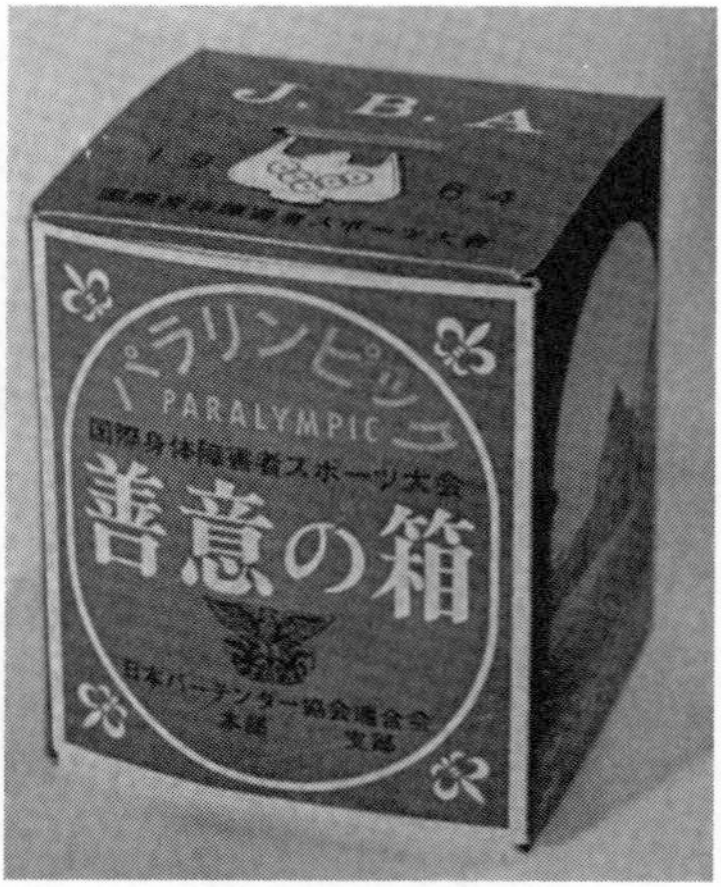

バーやキャバレーに置かれた寄付箱。

なかでもユニークで目を引くのは「日本バーテンダー協会」の協力だ。同協会は当時の一万八千人の会員たちが働いている店に「善意の募金箱」を置き、二千万円を目標に全国一万店舗のバーやキャバレーで募金活動を行なっている。結果的に集められた寄付金は三百万円以上に上ったと記録にはある。

ボランティア通訳の始まり

資金集めと同時期に行なわれていたのが、橋本祐子《さちこ》を中心とした日本青少年赤十字の「語学奉仕団」の結成である。

橋本が労働評論家の渡辺華子の報告を通して、ローマでの国際ストーク・マンデビル競技大会の様子を伝えられた一人だったことはすでに述べたが、彼女は日本赤十字において美智子妃と密接な交流があり、二人の会話の中で今で言う通訳ボランティアの必要性が提起された。

中学や高校の学内で作られる日本青少年赤十字の活動に力を入れてきた橋本は、東京パラリンピック開催の一年ほど前から準備を進めた。まずは文部省の大学局学生課を通じて各大学の教授の紹介を受け、そこから英語が話せる大学生を選んでもらった。

例えばその中の一人として語学奉仕団に参加し、当時は日本女子大学の英文科の二年生だった郷農彬子《ごうのうあきこ》は、大学の学生課で声をかけられてパラリンピックにかかわることになったと言う。

中学生の頃から英語の特訓を受けていた彼女は、大学入学後に英語サークルに入った。大学では東京オリンピックの有償の学生通訳を募集していたが、登録に行くと年齢の条件（二十歳以上）が合わなかったために断られてしまった。

英語サークルでの彼女は上級生よりも英語が堪能だったので、「登録させてほしい」と粘ってみた。だが、担当者は「国の決まりですから」と答えるばかりである。ところが、悔しい気持ちのまま事務室を後にしようとすると、相手は「あ、あなた。パラリンピックの方をやりませんか」と思い出したように声をかけてきたそうだ。

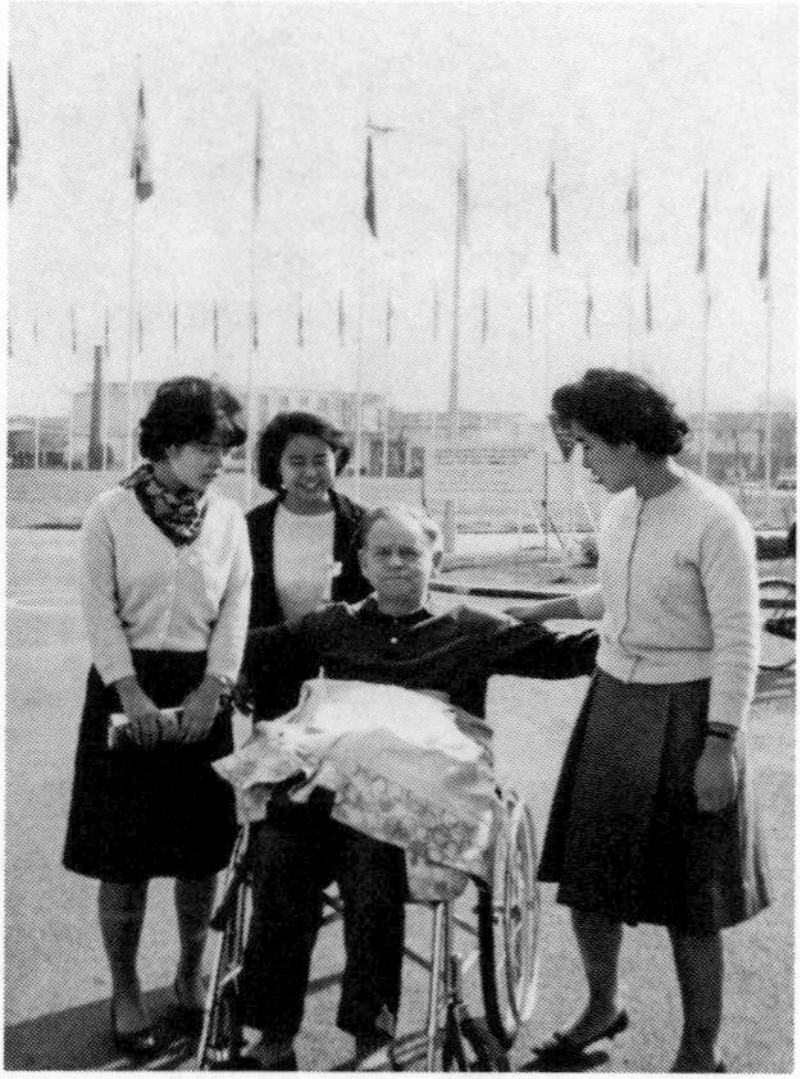

選手たちをエスコートする語学奉仕団。その結成には美智子妃が関わっていた。（提供：郷農彬子氏）

パラリンピックと言われても、十八歳の学生だった彼女には、それがどのような大会かは分からなかった。聞けば、海外から障害者が集まる国際スポーツ大会で、東京オリンピックの後に開催されるものだという。

担当者はそれからこう付け加えた。

「こちらの方はタダですけど」

それでも彼女は得意とする英語を使える機会と思い、「それでもいいです」と名前を登録した。その名簿が青少年赤十字に送られ、語学奉仕団への参加が決まったのである。

そもそも、この頃は大学の英文科に通う彼女のような学生にとっても、「ボランティア」という言葉は馴染みの薄いものだった。

彼女は語学奉仕団へ参加する中でこの言葉を知るが、最初は意味が分からず辞書で「B」の頁を調べても見つからなかった。「『V』で始まる単語だと分かったのは、後になってからでした」と彼女は今では笑う。

「英文科の学生であってもそんなことも知らなかったわけです。思えば、あのパラリンピックが、日本でのボランティア通訳の始まりだったんですね」

結成式での美智子妃のお言葉

一九六四年四月十八日、「語学奉仕団」の結成式が赤十字社の講堂で催された。この時点で集まっていたのは六十人ほどに過ぎなかったが、この結成式には美智子妃が出席している。その席で美智子妃は次のような言葉を残した。

今年の十一月、東京オリンピックに引きつづいて、身体障害者のオリンピック、パラリンピックがひらかれることになり、多数の外国の方々をお迎えすることになりました。この方々の通訳のため、日本赤十字社の若い方々が中心となって、今回、通訳奉仕団を結成されることになりましたことは、まことに意義深い、よい企てと喜んでおります。今日集まられた皆様方が、すでに果たされた学業に加えて、さらに毎週一回、外国の方々を招いて、勉強をつづけていられますことをうかがい、きたる日にあげられる成果に、私共は大きな期待をかけております。各国から参加される選手は、いずれも身体の不自由な方々でありますので、言葉の上での奉仕とともに、どうぞ終始赤十字の暖かい行きとどいた心で接してあげてください。そして、参加される多くの方々が、自分たちのうちにひそむ、新たな可能性に喜びを持たれ、明るい希望を未来に託される上に、この大会が、何かの役割を果たせますよう、運営に携わるすべての方々が結集されることを望んでおります。まだ開催までに、数か月が残されております。その期間に皆様の努力が、美しい実を結び、東京パラリンピックが若い工夫と、暖かい心の行きわたった大会になりますよう祈っております。（「通訳部会」の橋本による報告より）

この結成式がマスコミで報道されたことは、団員の申し込みを増やす大きな要因となった。集まったメンバーの知人やそのまた知人といった紹介も相まって、結果的に語学奉仕団の数は百五十六人となった。

その中には英語力が不十分なメンバーもいたため、橋本は集まった学生たちを通訳として育成する機会を設けた。東京都内を「荻窪グループ」や「渋谷グループ」など七か所ほどのブロックに分け、毎週土曜日に二、三時間ほどの勉強会を開いた。

講師を依頼したのはアメリカ赤十字のアメリカ人女性で、主に米軍の立川基地や横田基地に暮らす彼女たちは出張講師だけではなく、ときには自宅の開放も快く引き受けたという。青少年赤十字という組織を母体に、こうした体制を瞬く間に作り上げていくのは、まさに橋本の得意とするところだった。

だが、障害者スポーツの国際大会での通訳は、ただ語学が堪能であれば務まるというわけではない。とりわけ第一部のストーク・マンデビル競技大会に集まる外国人選手は、脊髄損傷などで半身麻痺となった人々である。彼ら・彼女らの症状や車椅子での生活が、どのようなものであるかを学ぶ必要もあった。

そこで橋本はすぐさま次の手を打つ。勉強会の中で障害についての知識を同時に教え、頃合いを見計らってメンバーを障害者施設でのボランティアへと連れ出したのである。

「先生にそう言われたときは、確かに戸惑う気持ちもありました」

と、郷農は語る。

レッドマフィアのゴッドマザー

当時、郷農を含めてまだ二十歳前後だった語学奉仕団のメンバーは、街で車椅子の障害者を見た経験すらほとんどなかった。例えば郷農にとっての「障害者」のイメージは、街路や山手線に乗った際に見かける傷痍軍人たちだった。

戦争で足や腕を失った彼らは白い装束を身に着け、松葉杖をついていた。アコーディオンなどの楽器を弾いている彼らの姿を見て、若い頃の彼女は心を痛め、母親にねだって五円や十円を渡した思い出もあった。一九五〇年代から六〇年代にかけての東京の街で育った者にとって、それは一つの見慣れた風景であり、同時に生々しい戦争の傷痕が垣間見える国の現実であった。

だが、一方で脊髄損傷や小児麻痺で車椅子での生活をする人々は、施設や家族のいる自宅から出ることはほとんどなく、社会からはいわば隠された存在だった。郷農が障害者施設へ行くことに戸惑いを覚えたのは、そうした時代を彼女たちが生きていたからだ。

そんななか、橋本は語学奉仕団のメンバーを前に言った。

「あなたたち、英語を喋れるだけでは役に立たないのよ。施設に行って実態を見ていらっしゃい。世の中の実情を知ってきなさい」

こうした言葉に困惑した様子を少しでも見せると、橋本は持ち前の迫力で畳みかけるよ

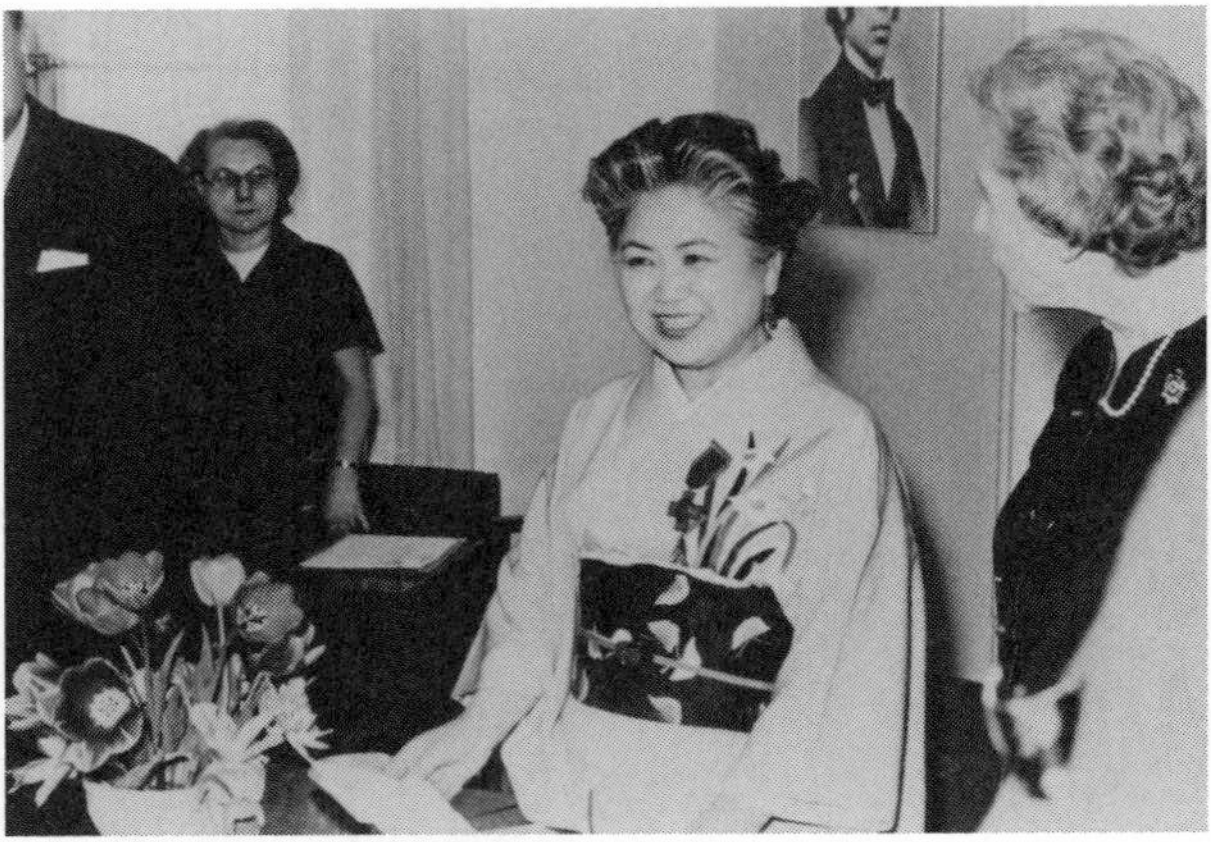
語学奉仕団の牽引役となった橋本祐子氏。

うに続けた。

「迷っている人はね、行きたくない人なのだから、行かなくていいのよ」

郷農たちは慌てて「すみません！　行きます」と答えた。橋本は学生たちにとってのカリスマ的存在であり、語学奉仕団の別のメンバーの証言によれば、「レッドマフィアのゴッドマザー」とも呼ばれていたという。有無を言わせない彼女の迫力が伝わってくる逸話だろう。

結成式の後、団員の数が徐々に増えていくなかで、橋本は五月に別府に次いで多くの入所者が出場した国立箱根療養所を皮切りに、六月には東京視力障害者センターをメンバーを引き連れて見学している。

東京パラリンピックから二十年後、韓国のソウルに招かれて講演をした橋本は、このときのことについてこう語っている。

〈身障者たちの厳しい訓練と、それに耐える精神力に感激して、その肉体的欠損を目で見たりしても、たじろがない自分になろうと水泳の介助をしたSkinshipの体験学習は何よりでした〉（冊子『ハシ先生の声が聞こえる』より）

これは東京パラリンピックの開催を契機として、若者たちが施設にいる障害者と交流を持った一つの瞬間だったと言えるだろう。

パラリンピック開催まで約三か月となった七月中旬には、アメリカ赤十字の〝講師〟たちとともに、相模湖のユースホステルを借り切っての合宿も行なわれた。

〈その目的は「ボランティア精神を身につけること」「身障者の使う器具の使い方や英語の名前」など盛り沢山。日本の専門家もかわるがわる一晩泊りでいらっしゃって日本の福祉関係の法律なども教えてくださいました。そして自分たちに必要と思える「医学用語集」や「スポーツ用語集」の作成もワークショップに課せられました〉と橋本は話している。

こうした経緯からあらためて実感するのは、当時の日本社会を生きる若者たちにとって、脊髄損傷を負った人々や障害者の世界が、今とは比べ物にならないほど未知のものであったことだ。そして、それは「奉仕団」という名称からも分かる通り、日本における「ボランティア」という概念も同様であった。

橋本の側近として働いた語学奉仕団の一人で、青山学院大学を卒業したばかりだった若井亜紀子は言う。

「当時は脊髄の損傷の部位によって選手のアナウンスが行なわれたので、例えば『馬尾《ばび》神経は cauda equina』といった用語集を、慶應の医学部の学生さんたちに作っていただいたんです。それを分厚い辞書みたいにして、奉仕団の人たちはみんな持ち歩いて現場に臨んだんですよ」

橋本はボランティアの概念もまだ理解しきれていない学生たちの前に立ち、赤十字の研修で三か月間滞在したアメリカ仕込みの価値観を彼女なりの言葉で伝えていた、と若井は続けた。

「橋本先生は言っていました。アメリカの赤十字社ではそのボランティアにもランクがあるんだ、と。どちらが偉いというわけではないのでしょうけれど、お金を出す寄付者になるのが最も簡単で、最も立派なのは自分のお金を使い、同時に体も使って仕事をする人だ、って。当時はなんだかすごく都合のいい話だなァと思いながら聞いていましたが、それを当時からおっしゃっていたのが先生の先見性だったのだと今では思います」

結成からわずか一年足らずという準備期間だったが、語学奉仕団では機関車のような橋本のバイタリティに牽引《けんいん》されるようにして、若者たちの育成が一気に進められた。

訓練の終わり頃には百五十六人のメンバーの興味や適性を踏まえたうえで、大会期間中の人員の配置が決定されている。こうして大会本部での各国の代表者の秘書役、同じく各国の選手団のアテンド、テレビや新聞などのメディア対応、会場や各施設の出入口に配置される彼らは、オリンピックの有償通訳に対して無償での仕事を行なうことになった。

富士山へ

このように大会の資金面や無償通訳ボランティアの準備が進められるなか、大会まで半年を切ろうとしていた一九六四年四月二十五日、準備委員会は三十一か国・三十九団体に向けて招待状を送付した。

『報告書』には会長の葛西の署名による次のような記録が残されている。

招待状

一九六四年度、下半身マヒ者国際ストーク・マンデビル大会を、オリンピック終了十八日後の十一月八日から十二日迄の間に東京で開催されることは前もって国際ストーク・マンデビル大会委員会の会長であるドクター・L・グットマン氏から、一応の通知をおうけとりになったと思いますが、今日改めて、書面をもって日本国際身体障害者スポーツ大会運営委員会会長である私が、心からこのわれわれの重要な儀式の賓客として御招待申し上げます。選手、付添い、関係役員等に付随する次の一切の費用は、主催側であるわが委員会が、すべてお世話することをお知らせいたします。

a、十一月六日~十五日迄の選手村での食事を含めて、日常の必要品

b、羽田空港から選手村迄の交通費

上記以外の、洗たく料、間食費、私的観覧などのような個人的な費用は負担いたしません。

国際ストーク・マンデビル大会委員会の主催国を代表する日本運営委員会は、国際ストーク・マンデビル大会委員会と共同して働き、入場方法などのような、関連したことがらすべてのものはストーク・マンデビルから発展した国際ストーク・マンデビル大会委員会の通例の手順によって行ないます。

この大会が貴下の十分な支持によって催されるならば大変に幸いであります。そしてどうぞ、できるだけ早く、選手と付添いを含めて、貴下のチームの人数をお知らせ下さるようお願いいたします。

会長　葛西嘉資

ちなみに、ここでも「パラリンピック」の名称は使用されておらず、グットマンに対して日本側が最後まで配慮を続けている様子が窺い知れる。

この招待状の送付から間もなくして参加国が出そろった。


東京オリンピックに日本中が湧く社会状況の陰で、まだ日本国民には全く知られていなかった「パラリンピック」のための準備はこうして徐々に整えられていった。

当時の記録を追っていくと、開催まで半年を切った頃には関連した報道も多くなっていく。なかでも大きな注目を浴びたのは、障害者による富士山への登山イベントの開催だ。パラリンピックの啓蒙活動の一環として身体障害者団体連合会が計画したもので、七月十五日から障害がある三百五十名が富士登山に挑戦している。

同連合会は六年前にも同様の企画を開催していたが、その際は天候不良のため八合目での下山となった。一九六四年七月の登山はパラリンピック開催に合わせたもので、全国九十五万人の障害がある人々に参加が呼びかけられた。

『読売新聞』（一九六四年七月二日夕刊）の記事によれば、参加資格は六十歳以下、心臓や呼吸器の病歴や付き添いが必要な人を除き、各県ごとに参加者を選考したという。

参加者の中には家を出る際に家族と水盃《みずさかずき》を交わすつもりだと語り、〈盲人が山に登ってどうするのだといわれるが、盲人だからこそ、日本の象徴である富士山の地はだを、じかに手でふれたいのです〉とその思いを吐露《とろ》する者もいた。そんななか、登山隊の副隊長を務めたパラリンピック事務局長の氏家馨は、

〈富士山のような高山に、三百五十人もの身障者が集団で登るのは、世界身障史上はじめてのことだ。それだけにぜひ成功させたいし、その成功によって全国の身障者たちが、世の中に生きてゆく大きな自信を持つことだろう〉

と、若干の大言壮語とも言えそうな意気込みを語っている。

登山者は十四日の午前中に皇居前に集合し、壮行会では首相の池田勇人などから金剛杖や手ぬぐい、ゲストの森繁久彌《もりしげひさや》から麦わら帽子が送られた。〈一行の登山は、盲人が先頭に立ち、ろうあ者がそれにつづいて盲人のかいぞえ役になるが、自衛隊も一個小隊三十人、日赤から十人が出動して、この登山に支障がないよう応援する〉とあるから、パラリンピックがすでに国を挙げての大きなイベントとなっていることを実感させられる。

『報告書』によれば、登山には日赤の医師に加え、鉄道弘済会の義肢修理班、厚生省の指

導員も同行した。十四日に河口湖畔に一泊した一行は、翌日に八合目の山小屋まで霧深い登山道を歩き、十六日の午前八時に山頂に到達。一斉に「万歳」の声をあげて登頂を祝ったという。

皇太子が総裁に就任

この登山行から一か月後の八月二十六日、パラリンピックの総裁に皇太子が就任することが決まる。

また、開催の約二週間前には神田博厚生相が閣議で各省庁に大会への協力を要請。さらに一週間前に迫った十月三十一日には、選手宣誓を国立箱根療養所の青野繁夫が務めること、旗手として川崎市関東労災病院の船田中、日本人女性として参加する二人のうちの一人で、神奈川県身体障害者更生指導所にいた小笠原文代が選ばれたことが発表された。自動車工業会が寄付した選手の輸送に使用される九台のリフト付きバスも同じ日にお披露目され、大会四日前の十一月四日には中村裕の選手団長就任も正式に公表されている。

前述の通り、パラリンピックの会場は代々木の織田フィールド、東京オリンピックの選

レセプションで選手と歓談される皇太子ご夫妻。（写真：時事）

手村と練習グラウンドとして使用されていた場所である。

十月十日から十月二十四日まで開催されたオリンピックの選手村には、九十四か国から約六千人が訪れた。十一月六日からパラリンピックの選手たちを迎え入れるに当たって、現場では清掃で並木道や場内の落ち葉が集められる一方、宿舎や各会場への動線へのスロープの設置が自衛隊の協力を得て急ピッチで進められた。

参加国の選手たちの第一陣が羽田空港に降り立ったのは十一月五日、すでに辺りが暗くなった午後七時前のことだった。空港には選手団を迎えるため、葛西たちパラリンピック運営委員会の面々、四十人ほどのパラリンピック支援隊員や青少年赤十字の語学奉仕団に加えて、選手団の送迎を担当する鉄道弘済会のスタッフ約百人が集まっていた。最初に日航機に乗って到着したのはアルゼンチンの選手団で、団長夫妻と付き添い人を含めた十一人が一般客の後から姿を現した。一般客が降りた後、障害の重い選手は自衛隊員に抱きかかえられてタラップを下りた。互いに肩を支えあって段を下りる選手もいれば、杖をついて自ら一歩ずつ下りる選手もいた。

紺色のジャージにアルゼンチンのワッペンを付けた彼らがタラップの前に用意された車椅子に座ると、青少年赤十字の団員が千羽鶴のレイを一人ずつ首にかけて歓迎の意を表した。続いて三時間後の午後十時前にはイタリアの選手団四十九人が到着。ローマでの大会の会長を務めた医学博士のアントニオ・マリオが、〈楽しい大会になるよう祈っています。日本人の兄弟のような愛情に感謝しています〉と談話を述べた（『読売新聞』一九六四年十一月五日）。

翌日の第二陣では大会の発祥国であるイギリス、イスラエル、オランダ、アイルランド、オーストラリアの選手団が次々に到着し、そのなかには妻のエルザを伴ったグットマンの姿もあった。

妻とともに千羽鶴のレイでの歓迎を受け、葛西と中村に再会したグットマンは言った。

〈東京大会に対する運営委、国や東京都、日本人のみなさんの強い支援を聞いて、心から感謝している。こんどの大会の成功を疑わない。ユーゴを除いて共産圏諸国はまだ参加していないが、大会は励まし合うことを目的にしている。不幸な身障者はいるのだから、将来は参加してくれることを望んでいる〉（『読売新聞』一九六四年十一月五日）

それはストーク・マンデビル競技大会の創始者として、この大会を世界に広げようとする医師としての自負を込めた言葉だった。

パラリンピック実施本部には全国から折り鶴が送られた。

第5章 中村裕の患者たち

大会時の須崎勝巳氏。（提供：太陽の家）

独白Ⅲ「頭の中の回転が変わる体験となった」──近藤秀夫の場合

「……人間というものはそれだけ新しい体験が続くと、みるみる豊かになっていくものなのですね。頭の中の回転が変わって、考えることすら変わった。私にとっての東京パラリンピックとは、そのような『体験』となったのです」

近藤秀夫は朗らかな表情のままそう語ると、しばらく遠くを見るように目を細めた。

私が彼と会ったのは二〇一八年の二月のことだった。一九六四年のパラリンピックには、パラリンピック誘致の中心人物である中村裕のいる別府から、最も多くの選手が参加している。近藤はそのうちの一人で、当時は国立別府重度障害者センターの入所者だった。

取材時に八十二歳になる彼の自宅は高知県安芸《あき》市にあり、幼少の頃に脊椎カリエス（結核菌による骨の感染症）を患った妻と二人で暮らしていた。高知県は妻の郷里で、以前に長く住んでいた東京都町田市から二〇〇七年に越してきたという。

車椅子での生活のためにデザインされた自宅は、パラリンピックに語学奉仕団とし

「アメリカ人の手の中にすっかり収まってしまった」と近藤氏。
(提供：近藤秀夫氏)

て参加した後、それをきっかけにバリアフリー住宅の設計の道に進んだ吉田紗栄子(三百四十九頁参照)の手によるもので、小高い丘の上の住宅地に建てられていた。窓からの陽光をふんだんに取り入れた広々としたリビングは明るく、緑豊かな庭には様々な果樹が植えられていた。近藤を私に紹介してくれたのも彼女であった。

近藤は小柄な人物だが、九州は田川《たがわ》の炭鉱での暮らしや別府での日々など、自らの体験を訥々《とつとつ》と語る姿には風格があった。

これからその近藤に加え、同じ別府の

国立別府病院からパラリンピックに参加した須崎勝巳の話を聞いてみたい。中村裕の「患者」であった二人の独白からは、箱根療養所の笹原や長谷川とは少し異なる形で、当時のパラリンピックの姿や彼らの思いが浮かび上がってくるはずである。彼らは様々な競技に出場し、日本初の車椅子バスケットボールのチームに駆り出されることとなる。

まずは近藤の半生に耳を傾けよう。

炭鉱から馬車屋の丁稚へ

私の家族は兵庫県で終戦を迎えました。生まれは岡山なのですが、そのときは大工だった父親の仕事の関係で、姫路城の近くに家があったのです。すぐ近くが練兵場だったので、そこで爆撃もずいぶんと受けました。

姫路の海岸の縁の鹿島という場所にあった軍需工場が、戦争中の父の仕事場でした。当時、父を少し早めに迎えに行った小学生の私は、丘のようになった高台から兄弟三人でその工場をよく眺めていたものです。すると海には船が浮かんでいて、そこにアメリカの戦闘機が飛んでくると、爆弾を船に向けて落としていくのです。その爆弾が左に落ちると船も左に傾き、右に落ちれば今度は右へ傾いてひっくり返りそうになる。

「今度は当たるかな」

と、言いながら、私たちがその様子を見ていたある日のことです。「ひゅんっ」と耳元で音がしたので、ぱっと後ろを振り返ると、私たちをめがけて戦闘機が向かってくるじゃないですか。わあああ、っと逃げたところをダダダダダと撃たれました。あのときは本当に鳥肌が立ちましたよ。終戦の一か月ほど前のことです。

空襲の痕というものは酷いものです。家も崩れてしまっているけれど、何よりも火災で死んだ人たちの死体が山となって積まれるのです。あっちこっちに死体の山ができて、崩れた家からも人が出されて俵積みにされて焼かれていく。

だから、町が異様な臭いに包まれていました。何しろ姫路の大空襲のときの、あの人を焼く臭いが町中にしていた記憶は消えません。

私は父の軍需工場の社宅にいて、そこは幸いにも無事でした。だから、私たち家族はその社宅で、天皇陛下のお言葉を聞いた覚えがあります。

終戦を迎えた私たちは、鹿児島の大きな百姓の娘だった母の実家に身を寄せた後、すぐに福岡県の田川の炭鉱地域に移りました。炭鉱で仕事を見つければ、食べるものはいくらでもあると聞いたからでした。

当時の炭鉱はすごいものでしたよ。「三井田川」というだけあって、田川市は三井家の炭鉱のためにあるような地域でした。見渡す限りの広大な敷地に、住宅が何千棟とある光景は壮観でした。一棟に四軒で数千棟ですからね。

今でも思い出すのは、その夕方の風景です。各家庭では石炭を燃やして火を作り、それで煮物を炊いたりするのですが、「石炭はその辺の土を掘れ」というくらいに出た。それこそ筑豊炭田、まさに『青春の門』の世界なんです。

炭鉱というのは二十四時間三交代制で、穴の中に人車で降りていきます。炭坑内にはステーションがあり、そこからさらに石炭を掘る坑道がいくつも通じているわけです。穴に入ると真っ黒になります。仕事が終わって戻ってきた人たちは、目の白いところまで黒くなって地上に上がってきます。歯まで真っ黒になって、白い部分が一つもなくなるくらいなんです。だから、彼らはそのまま家に帰らず、着替えの服を持ってまずは風呂場に行く。町には「大浴場」と呼ばれる大きな浴槽があって、石炭はいくらでもありますから、そこでは二十四時間お湯が沸いていました。家に帰る前に彼らはその風呂に入り、一日の汚れを洗い流してから、汚れた服を持って家に戻ってくるわけです。

父は大工だけではなく、電気と左官をやれる男でした。この三つは炭坑の先端部で貴重な技術で、あちこちに呼ばれて仕事をしていたんですね。

私が十二歳のとき、その父が結核で亡くなりました。

父に頼っていた生活は瞬く間に傾き、三か月くらいはどうにか持ち堪《こた》えましたが、その後に待っていたのは家族の離散でした。

ある日、母親が私たち三人の前で言ったのです。

「もうこれ以上、おまえたちを育てることはできない」

母は妹を連れて鹿児島へ帰りました。そのとき、「一番下の秀夫だけは連れて帰りたい」と彼女は言ったのですが、私は考えに考えた末、「兄貴たちと一緒に残る」という選択をしました。実は私の生みの母親は私が二歳のときに家を出ており、彼女は二度目の母親だったからです。

そうして私は田川に残り、しばらくは兄弟三人だけの生活になりました。十七歳だった兄が父の代わりに炭坑に入り、下の二人は兄貴が給料を持って帰ってくるのを待つという日々です。

ただ、その頃の炭鉱はすでに衰退が深刻化し始めていました。エネルギーが石油に切り替えられる時期で、すでに会社側はあと三年で炭鉱を閉鎖すると言っていました。労働組合は御用組合みたいなもので、会社側の言い分を伝えてくるだけです。

子供心にも本当に汚いと思ったのは、炭鉱の給料の一部がチケットであったことです。炭鉱にいれば購買部でそのチケットを使い、着るものも酒も買える。しかし、現金がないので労働者は炭鉱を出ることができないわけです。給料をまるまる渡さずに逃がさないようにしているわけで、上手い仕組みを考えたものです。

そんななか、残り三年で炭鉱を閉鎖するという話をする一方、会社側は辞めてから二か月以内に住宅を出る人には、給料の一か月分の現金を渡すと言った。すると、お金のない人たちは「出る」と言いますよね。炭鉱を出たところで、行くところのない人ばかりだったわけですが……。

そして、その会社側の提案に乗ったのが兄でした。

ある日、給料を持って家に帰ってくるはずの兄貴が、帰ってこない。次の日も、その次の日も帰ってこない。つまり、兄貴は働いた分の給料と一か月分の家賃に代わるお金を貰って、私たち二人を置いたまま姿を消してしまったのです。

以来、私たちは二人で生活をしなければならなくなった。それはもちろん無理な相談でした。真ん中の兄は体格が良く力仕事はできるけれど、軽い知的障害がありました。頑固な彼は飯場のような仕事は、黙ったままコツコツとこなせたので、炭鉱で働くことができました。

対して行き先のなかったのが十二歳の私でした。小学校を六年生で「中退」し、職安にも通いましたが、ときどき仕事を貰える程度で、あっという間に生活は立ち行かなくなってしまいました。家を放り出されてしまい、夜寝る場所もなくなった。それはもう、酷い生活をしました。

食べるものも着るものも、寝るところもない――そうなると、人はどうにもならないのですね。もはや人のものを盗んで生活をするしかない。だから、私は例の「大浴場」の前で自分と同じ背格好の子供が裸になって風呂に入ったら、着るものを全部かっぱらって着ました。冬になって寒い日は、風呂のボイラーに上り、猫や犬と一緒にそこで寝た。

そうしたどうにもならない生活を続けながら、私は死のうと思ったことは一度もありませんでした。そのかわりに心に芽生えたのが、出会った人に全てを任せるという生き方です。自分の全てを任せる。後に中村先生と出会ったときもそうでしたが、私は何度かそのように考えることで、自分の人生が切り拓かれたと思っています。

その一度目の出来事が起こったのは、田川の国鉄の駅に停まっていた貨車に忍び込んで眠り、朝を迎えたときのことでした。

寝ている間に貨車は動き出しており、目覚めると中年の男が目の前の椅子に腰かけていました。私の目に留まったのは、そのおじさんの食べている弁当でした。前の晩から何も食べておらず、腹が減っていたからです。

じっとその様子を見ていると、彼が私の視線に気づいて言いました。

「何も食っていないんだろ」

はい、と答えると、「食うか」とその弁当を私にくれたのです。

「どこに行くんだ？」

「行くところはありません」

「そうか」

そんな会話をしばらく交わしていると、彼は一枚の名刺を私に差し出しました。そして、「それなら、俺のところで働くか？」と言われたのです。

ただ、働くと言っても家のない十二歳の私には何の技術もありません。それでもいいかと聞いたところ、「構わない」と名刺の裏に彼は住所を書き、そこへ行くためのお金を少しくれました。

出会った人に全てを任せる——というのは、そういうことです。彼を信用するかどうかなど考えません。怪しいかどうか、話に裏があるのではないかと疑わず、何が起こるかは分からないけれど、全てを彼の言うとおりに任せてみる。そんな気持ちに私はなっていました。何しろ今の底辺の生活よりも、悪いことが起こることはないと決まっていたからです。だって、飯が食べられるのですから。

私は言われるがままに、彼の書いた住所の家へ行きました。すると、その家は炭鉱の石炭を運ぶ馬車屋さんだったのです。

商店街にあった店の裏には馬小屋があり、二頭の馬、二台の馬車が置かれていました。表では下駄屋も営んでおり、店にいたお母さんに名刺を見せると、「分かった」と言い、私を食べさせて寝かせてくれたのです。そうして一泊するうちに、おじさんが帰ってきました。家族の離散から一年が経とうとしていた頃のことです。十三歳になった私はそうして、馬車屋の丁稚《でっち》へと流れついたのです。

不慮の事故

私が脊髄損傷という怪我を負ったのは、この馬車屋さんでの仕事中のことでした。

店での私は馬引きの手伝いを始めたのですが、ちょうどオート三輪が出始めた時期でもあり、主人は「これにお前を乗せたい」と言いました。そこで紹介された人のもとで助手をして運転を習いました。

それはある日、そのオート三輪に乗って、三井田川のグラウンドの前を通りかかったときのことでした。

「おおい、止まれー！」

という声がグラウンドから聞こえてきました。

何だろうと思ってみると、同じ馬車屋の人が私を呼んでいました。

「ちょっと手伝ってくれ」

そう言われて人だかりの方へ歩いていくと、そこでは十二人ほどの男たちがレールを持ち上げようとしているところでした。彼らはレールの片一方を持ち上げて馬車に乗せ、それからもう一方を持ち上げて馬車に積み込もうとしていたのですが、それを持ち上げるには普通、十五人は人手が必要なのです。十二人ではぎりぎり持ち上がるかどうかで、チビの私の手も借りようというわけでした。

背の低い私はレールの後ろ側を持つと、ぶら下がるようになってしまいます。だから、

「いちばん前に入れ」と指示されました。

そのとき、レールの前側に入った私のすぐ後ろでは、松の垂木《たるき》をレールの横に渡し、

その両側を持ち上げる二人の男がいました。ところが、前日の晩に降った雨で足場がぬかるんでいて、松の木の一方を持つ人が足を滑らせてしまった。それが私のすぐ後ろで起こったのです。

ただでさえぎりぎりの人数でレールを持ち上げようとしていたのですから、一人が突然に足を滑らせては堪らない。その様子をレールを担ぎながら見ていた後ろの人たちは、「危ない！」と思ってぱっと一斉に横へ飛び、落ちるレールを避けたようです。十数人の男たちが一斉にレールから離れたため、レールの重みの全てが先頭の私の肩にかかりました。そして、脊椎が折れてしまったのです。それが、私が障害者になった現場の出来事です。

私が怪我をしたこの出来事の背景には、今思えば炭鉱が衰退していくという「時代」があったのでしょう。足を滑らせたおじさんはアル中でした。当時、田川ではまるでここから出て行けと言わんばかりの会社側のやり方のなかで、酒に溺れる者が増えていましたから。

石炭はあっても、会社は炭鉱を閉めるという。あの場所に集まる人たちは社会の底辺に生きる人たちだから、そう言われてもすぐには動けないわけです。八方ふさがりの状況が人を酒に走らせた。そうしたことの全てが私の怪我にもつながっている。その意味で私は怪我をして以来、物事の裏側について考えるようになりました。表に見えることだけが全てではないのだ、と。

……怪我をした私はそれから一週間、気を失っていたそうです。目が覚めると三井田川病院のベッドにいて、自分が白い布団に寝ていることに気づきました。

当時、不思議だったのは、私の心にむしろ喜びのような感情が湧いたことでした。大変な怪我をしたという思いよりも、白い布団、天井、朝昼晩の食事の嬉しさがずっと勝っていたからです。

私はそのとき、本当に「しめた！」と思っていました。この怪我を負って障害者になった他の人は、生活がどーんと落ちて、二度と元気な姿に戻れないと気持ちが暗くなるというけれど、私は体が元気だったときの生活の方がはるかに酷かった。毎日の布団と食事という人間が生きていく上での基本が保障された病院のベッドは、自分にとって素晴らしい場所でした。この生活を逃さないぞ。そう思いました。

私の入った労災病院の一人部屋の隣の同じ一人部屋に、車椅子に乗っているおじさんがいました。

入院から二、三か月が経った頃、彼が私と雑談をしてくれたのを覚えています。

「お前はこれまで――」と彼は言いました。

「これまで苦労したけれど、これからはもうその苦労をしなくてすむぞ」

そのときは「なんで病院に入院したのに、そんなことを言うんだろう。食うことに困らないということかな」と思っていましたが、そうではなかった。生活保護法と身体障害者福祉法が二重にかかれば、どこにいても生活が安定する。まさに私がその立場だという意味だったのです。

また、私は十六歳で炭鉱の人間ではありませんでしたが、会社の仕事を手伝ったときの大きな怪我だったので、労災に準ずるものとして交渉してもらえたのは幸いでした。子供だったけれど、大人のする仕事で大きな怪我を負った、というわけです。労災になればお金も出るし、病院にも三年間いられるのです。

病院では付添人を頼むと、労災法から付き添いのお金が出る。それで一人部屋には一段高くなった三畳の畳の間があって、そこに付き添いさんが寝られるようになっていました。私は家政婦紹介所に六十代くらいの人を頼んでいました。若い人に体を見られるのが嫌だったからです。

実は鹿児島に帰った母が、一度だけ、そんな私の病室に現れたことがありました。妹を連れてきた母は、「秀夫、一緒に生活しよう」と声をかけてくれました。しかし、そのとき私は隣室のおじさんのこんな言葉を肝に銘じていました。

「誰がどんな形でここにやって来ても、一緒に生活をしてはいけない。不幸になる。誰が現れても君の存在は負担になるから、もし好きな人ができても一緒に住もうという気になってはいけないぞ」

私には何もない。何もない私です。他のベッドにいる脊髄損傷の患者は、家族が来て朝は必ず関節を曲げる訓練をしていました――当時はリハビリという言葉はまだなかったから、訓練と言っていました。しかし、私にはそういう人はおりませんから、二か月のあいだ寝ているうちに、関節が固くなってしまっていました。股関節が固まってしまい、片足を持ち上げると、反対側の足も付いてくるのです。そして、大きな床ずれもあった。そういう体でした。

それに、私の母は義理の母なのです。母には母の生活があるように、私には私の生活がある——今ここで一緒に住むことは考えられない。私はそう言いました。妹もいるし、その上に寝たきりの私を看るのは無理だ、と。思えば、母もぎりぎりの人生を送っていたのでしょう。

それから、ばらばらになった家族について言えば、出て行った上の兄貴も後に、怪我をした私のもとを訪ねてきました。

「お前を障害者にした奴を探し出して、一生食えるだけの補償をむしりとってやる」

そのときそう言った兄は、亡くなるときには前科二犯になっていました。刑務所でバセドウ病にかかり、出所後に病院で死にました。

真ん中の兄は小学校を出たけれど、知的障害があったので字をぜんぜん覚えられなかった。だから、彼が私のもとに来たときは、「今の住所を書いてほしい」と頼まれました。それが私たち家族のその後です。誰にでも人生にはいろんな形はあるでしょうけれど、私のように戦争や炭鉱などで揉まれた時代の人生というのは、どうしても複雑になるものなのですねェ……。

日本初の車椅子バスケチーム

さて、そんなふうに三井田川病院での三年間が過ぎると、私も退院してどこかで暮らさなければなりません。当時の私にはまだ、福祉制度などの難しい話は分かりませんでした。そもそも退院すると言っても、帰る場所がない。馬車屋の親父さんは私に結婚話も用意していたのですが、障害者になったことでその話も私の方から断りました。すると、もう相談する人もいない。相談に乗ってくれるのは福祉事務所の担当者だけとなっていました。

その頃の私はさっきも言いましたように、「人に全てを投げ出すように任せること」を自らの生き方としていました。だから、福祉事務所のケースワーカーが来て「ここにおれなくなったらどうするかね」と言ったときも、「あんたに全て任せる」と私は言いました。すると、彼は「私も障害者の行き先を考えるのは初めてだから、勉強をしてみよう」と探してくれたのが、国立別府病院の医師である中村先生の出入りしている国立別府重度障害者センターだったのです。一九五四年、私は十九歳になっていました。

ただ、私が中村先生と深く交流するのは、パラリンピックが間近に迫ってからの話です。

別府の山の中腹にある療養所での生活は、私にとってなかなか興味深い思い出です。当時、私は施設の中でも若くて体も丈夫でしたし、あっという間に「悪ガキ」の一人になりました。

その「悪ガキ」のグループは私を含めて五人ほどいて、三人がパラリンピックにも出ています。「悪ガキ」で通っていたのは、施設内で他の入居者相手の商売をし始めたからです。

年末になると私たちはチケットを作って、それを一枚三百円や五百円で売り回りました。何を売るかというと、年に一度、車椅子をきれいに磨き上げるんです。施設の入居者はみんな乗りっぱなしの車椅子ですから、芝生のある庭で機械をバラして真ん中のグリスの交換までして組みあげると、それはもう喜ばれた。もちろん施設側も黙認です。

遊びに行くときも私はその四人の悪ガキとつるんでいました。施設は山の中腹にありますから、外に出るとなると上に行くか下に行くかです。上に行くと温泉で、下に行くと別府の町がある。

私たちは車椅子で坂を一気に下りて、町で映画をよく見ました。施設で恋人同士になった男女が、二人で町に出て行くこともあります。その場合は男の方は普通の車椅子を使い、女性は外出用の自転車のように車輪を回す車椅子を使うのです。

それで、帰るときはタクシーに女性と普通の車椅子を乗せ、男の方は外出用の椅子に乗り換える。そうして、えっさほいさと坂を三時間くらいかけて上るのです。ふうふう言いながらね ェ。それが施設における恋人の風景でした。女性の「ラーメンを作って待っているからね」なんて言葉を思い出しながら、私もふうふう言って帰ったものですよ……。

また、町では一年に二度くらい洋服屋さんに飛び込んで、「今度、施設に服を売りに来てほしい」と交渉をしました。特に尿で傷みやすいズボンを持って来てくれれば、最低でも五枚は買う、と。

その交渉が成立したら、今度は施設の仲間に「今度、服を売りに来るから必ず買ってくれ」と言って、やっぱりチケットを売って回るのです。お店からマージンは取りません。その代わり、今度、クルマでドライブに連れて行ってほしいと私たちは頼んでいました。お金よりも遊ぶ方がいいですからね。お店の人に四人以上の障害者が乗れるクルマを借りてもらって、阿蘇などに遊びに出かける。私たちがどこか遠くに遊びに出かけるための方法が、それだったのです。

冬になると、豚のモツ煮を作って売りもしましたよ。火鉢に大きめの鍋をかけて作るのですが、これがよく売れましてねェ。もちろん職員に見つかったら怒られますから、廊下に人を立たせて団扇《うちわ》で扇《あお》ぐ。匂いを裏の庭の方に全て流して、バレないように気を付けたものです。そんなことばかりしていたから、私は「悪ガキ」の一人で通っていたわけです。

思えば、当時の施設は、私たちのような労災や事故で怪我をした者と、もともといた傷痍軍人の入居者が入れ替わっていく時期でした。彼らは恩給を貰えるので、戦地から引き揚げて帰って来ても、お金が貯まると外に出ていく存在でした。ただ、一方で長くいる人もいて、桐の下駄に塗った砥《と》の粉を磨く仕事をしている元軍人さんもいましたね。

その人は目が見えなかったので、内職を気持ちの落ち着く夜にしていました。夜中に真っ暗な部屋でマスクをして作業をするので、新しい職員がびっくりしていたものです。そんな時代だったのですね。

私がパラリンピックという大会があることを知ったのは、施設での生活をすでに十年近く続けた一九六三年頃のことでした。きっかけはもちろん中村先生です。

先生は施設から離れた国立病院の医長さんでしたが、様々な経緯の後にパラリンピックを日本で開催することに成功された。そして、別府で出場者を探していたわけです。

先生のことはときおり施設でも見かけていましたが、私との直接的な接点は床ずれの手術をしてもらったことです。そしてちょうど同じ時期、膀胱《ぼうこう》に大きな石が見つかり、先生は「パラリンピックに出るためには、この石を取らなければならない」と手術をしてくださったのです。

施設には和弓《わきゅう》の稽古用の弓があって、私はそれが好きでよく練習をしていました。その様子をご覧になった先生が、「君は弓をやっているのか。それならアーチェリーだな」

とあるとき仰ったのです。

アーチェリーというものを私は知りませんでしたが、何事も周囲に任せると決めていた私は「あ、そうですか」と言いました。

「よし！　アーチェリーにエントリーしよう」

と、先生は続けました。

そもそもその頃の先生が私のいる施設に来て考えていたのは、車椅子バスケットボールのチームを作るためでもあったようです。バスケットボールのチームを作るとなると、選手を一本釣りするのではなく、施設単位でなければ人が集まらないからです。

先生は別府の重度障害者センターと国立別府病院の混合チームに加えて、日本からは関東労災病院でもチームを作って、二チームを参加させようと目論んでいました。

ところが、双方の障害者はバスケットの球を持ったこともありませんでした。当然、ルールだって知らない。そのことに不安を訴えると、「ルールは私が取り寄せて教えるから大丈夫」と先生は仰った。

そのルールが待てど暮らせど届かない。

「先生、もう届いているんじゃないですか」

と、聞いたところ、

「届いてはいるが、英文だからいま翻訳している。ちょっと待ちなさい」

そんなやり取りを続けていたのですが、実際に私たちの手にルールブックが届けられたのは、東京への出発まで一週間を切った時期だったのには参りました。

それに、私たちの施設は国立とはいっても、集会所のような場所があるくらいで、体育館はありませんでした。だから、結局は球遊びのようにパスの練習をしたくらいで、東京への出発の日を迎えてしまった。

事情は関東労災病院でも似たり寄ったりだったようです。これは東京に着いてからの話ですが、彼らに「一度だけ試合をしてほしい」と頼まれましたから。

「自分たちは人数も足りないし、場所もないから試合をやったことがないんだ」

と、彼らは言っていました。

それが日本のチームの現実であり、日本で初めて作られた車椅子バスケットボールチームだったのです。

ただ、バスケットについてそんな状況ではあったものの、パラリンピックに出場するために東京に行った私は、そこで本当に言葉では語り尽くせない体験をすることになりました。

生まれて初めて飛行機に乗り、羽田からやはり初めて見るリフト付きのバスに乗り、初めて見る東京をパトカーに先導されて走った。そんななか、仲間たちと同じ服装をして、一つの目標に向かって試合をする——。施設を出た瞬間からあらゆる体験が生まれ、それは初めてのものばかりでした。そして、その「初めての体験」の驚きが、別府に帰って来るまで続いた。

人間というものは——それだけ新しい体験が続くと、みるみる豊かになっていくものなのですね。頭の中の回転が変わって、考えることすら変わった。私にとっての東京パラリンピックとは、そのような「体験」となったのです。

アーチェリー、やり投げ、卓球の選手たち。

独白Ⅳ「向こうの選手らは明るかった」——須崎勝巳の場合

別府に暮らす須崎勝巳には、中村裕の設立した「太陽の家」の応接室で話を聞いた。当時を振り返りながら、ときおり優し気な笑みを見せる彼は、常に穏やかな調子で話をした。

須崎は一九四二年、愛媛県の南西部に位置する現在の鬼北《きほく》町に生まれた。静かな山村で大工をしていた二十歳の頃、バイクの事故で脊髄損傷の怪我を負った。スピードを出し過ぎて曲がり角を曲がり切れず、そのまま田んぼに落ちてしまったのだという。

「脊髄を折って愛媛の病院にいたのは三か月間ほどでした」

と、彼は言った。

「友達もだんだんと見舞いに来なくなってね。ええ、あの頃は脊髄損傷といったら、五年か十年で死ぬと噂されよった時代です。友達も何を言ったらええか分からなかったんでしょう。昨日まで一緒に元気にしよったのが車椅子生活になったと言うたら、向こうもどげん話したらいいやら分からんですよ」

中村裕のいる国立別府病院に転院したのは、その地元の病院で医師からこう告げられたからだった。

「あとは訓練だけや。ただ、うちでは訓練はできんから、よその病院に行ってくれ」

それは東京でパラリンピックが開催される一年前、一九六三年四月のことだった。

「そのときの整形外科の先生には感謝しとります。もし知識のない個人の病院にずっと寝たきりでおったら、その後の人生はぜんぜん変わってしまったでしょうから」

そう語ると彼は別府で出会った中村裕のこと、パラリンピックに出場するまでのことを訥々と話した。

「訓練」をすれば治るかもしれん

当時の国立別府病院は、昔は海軍さんの病院じゃったんです。周りはほとんどレンコン畑で、だから水辺にあるというような感じで。山の方には射撃場がありました。音も少しは聞こえたかと思います。酒屋さんのある小さな商店街や温泉もあって、広大な病院の敷地の離れたところには結核の病棟もありました。

今は建て替えて綺麗になっとるけれど、私が来た頃は平屋の長屋が並んでいるような風景やった。昔ながらの小学校と言うたら分かるがね。廊下があって、衝立《ついたて》で区切られた病室がある。そんな病院やったんですよ。初めは六人部屋くらいやったけど、おしまいの頃は脊損の人が多うなって、八人くらいの病室やったです。

それで、あの頃は「リハビリ」ではなく「訓練」と言うとったのですが、私はそれをすれば治るかもしれん、と思うとりました。別府に行けば歩けるようになる、と。今の時代ならインターネットもあるかもしらんけど、あの頃は癌《がん》になっても医者が本人に告知せんかったのと同じで、「あんたは一生、車椅子じゃ」とは誰も言ってくれんですわ。だから、別府に来ても歩けんなら、もう生きる希望がねえなァ、という考えだったんです。

でも、こっちに来ると、だんだんと現実を知らされよる。病室が一緒の脊損の人たちがおるでしょ。その人たちは医者と違って遠慮なんてない。自己紹介代わりに「俺は三年」「自分はこげな状態で五年」と怪我の話をして、「あんたはどこやったんか？」と聞かれて答えれば、「お前、治るわけねェやんか」とはっきりしとる。それでも最初の頃はまだ他人事《ひとごと》のようでしたよね。自分だけは治るんじゃないか、って思うとったものです。

ただね、そこで会った人たちとはあっという間に仲良うなっていきました。みんな同じような怪我をしとるし、年頃も似とりましたしねェ。先生たちのいない日曜日になると、訓練をサボって街に出て遊んだりもしたものです。「今日は街に出て映画館に行こうか」なんて誘われてね。あの頃は病院のある亀川にも映画館があったんですよ。

労災の人が多かったですが、なかには半ば仕事を持っとる人もおりました。労災の人はお金があるから、退院したら家に帰って自由に過ごすという感じです。労災ではなかったのは私ともう一人くらいで、その人は家庭もあって子供もおったから、後に家に帰って奥さんと暮らしよりました。

中村先生は威厳がありましたね。毎週月曜日に回診があったんですけれど、トップに先生が来られて、その下に他の先生方や婦長さん、看護婦さんたちがずらっといて、さらにそのあとに業者さんという具合に、何十人という行列なんです。先生は仕事には大変厳しい人でしたから、とてもピリピリした雰囲気でした。

私たちは脊損の患者ですから、先生はまず尿を見るんですね。あの頃の脊損の人は何年も地元の病院に寝ていたりするから、腎臓が悪くなって亡くなることが多かったんです。尿が濁っていたらよくないので、水分をたくさん飲んでようけ出さな、というわけで、容器を持って、私の小便はこうです、と見せる。「腎臓と褥瘡《じょくそう》で脊損は亡くなるから、よく見ないといけない」と先生がいつも言っていました。だから、私は今でも運動しよるんですよ。一か月に百キロと決めて、海沿いのサイクリングコースを走っているんです。走るといっても車椅子ですが、やっぱりそうすると血液の循環がよくなるんかねェ、尿がよく出ます。

ちなみに、先生の回診は確かにピリピリしていましたが、普段は本当に患者に優しい人でした。ときおり「やりおるか」とか「おーい、一生懸命しよるか」って声をかけてくれるんです。京都から来た男の患者さんが「今から編み物するんじゃ」と言うたら、先生が部屋を貸してくれて、「おお、いい編み物できとるか」と話しかけていたのを覚えています。

そんな中村先生に初めて診察を受けたときのこともよく覚えております。ちょっと威厳のある国立の先生で、最初は少し恐ろしそうな気がしましたね。

何より忘れられんのは、その最初の診察で入院を決めてもらったとき、「あなたは今からどんな仕事をしますか？」と聞かれたことですよ。これには驚きました。こちらは寝たきりになって、病院にいると友達もおらんし、落胆しておったわけです。何をするも何も気分は真っ暗で、仕事なんてできん。歩けないなら死んだ方がましや、って一人でおると悪いこと悪いこと考えて、親兄弟の世話になるだけの人生なら生きる望みはないんもない――といった状態やったですから。

そんな私に対して、「今からどんな仕事をしますか」ですからねェ。脊損と言えば五年とか十年で死んでしまうと噂されよった時代に、先生は社会復帰について話していたわけです。まだ車椅子にも乗っていなかった私は、「ええ、先生……」と言ったきり言葉が出ませんでしたよ。せやから隣におったお母さんも驚いて、「治ってから考えるよって」ってねェ。

それが中村先生の第一印象。今だったら、中村先生がそう言ったのは、やっぱり社会復帰をさせてやろうと一生懸命やったことが分かる。そのためには、やっぱり今から訓練をするだけではなく、自分のことは自分でできるようにならんといかんぞ、と。そういう言葉を先生は伝えてくれたんですね。

「水泳でも何でも試した」

私が東京でのパラリンピックに出てみないかと言われたのは、別府に来てから四か月ほどが経った頃のことでした。昭和三十八（一九六三）年の夏頃の話です。来たときにあった褥瘡が治って、鉄パイプの車椅子に初めて乗ってしばらくしてからの時期です。訓練は歩行から始めたのですが、あの頃は筋トレをするにも教えられる人がおらん。中村先生も試行錯誤しておりました。例えば、外国で知ったエキスパンダーなんかを買ってきて、私らに配ったりはするんだけれど、やり方が分からん。ただ引っ張っているばかりではすぐに飽きてしまうし、効果は薄かったでしょうね。

要するにあの頃の先生はそういう情報を得ては、若い患者に試させていたわけです。まァ、理論が分からんと道具だけあってもダメですね。訓練をしてくれる先生も別の病棟の患者も診ないといけないから、私たち脊損だけに付きっ切りではいられんし。当時はぜんぶ抱えてもらわないと自分たちではできないから、訓練の先生は大変じゃったと思います。車椅子に乗るにも、いちいち抱え上げてもらっておりましたから。

ただ、そうして訓練にスポーツを取り入れるようになると、私もずいぶんと心の持ちようが変わってきたのは不思議でした。

パラリンピックに出ないかと言われる前か後かは忘れてしまったけれど、中村先生のもとに来た患者は、動けるようになるとすぐにバスケをしたり、槍投げや砲丸投げをしたりするようになるでしょ。私の場合も好きなものもあれば、これならできそうだと選んだものもある。私は「やってみろ」と訓練の先生から言われたら、水泳でも何でも試しました。そうすると、楽しいから自然と朗らかになりますよね。そうしたら、これから自分はどげんなろうか、といった考えはあんまりせんようになりました。

病院には中学校くらいの芝生の運動場がありました。芝生と言っても手入れが行き届いていないから、石もごつごつあって雑草だらけという感じでしたけれど。水泳は建物の中に二メートルと十メートルくらいの患者が歩くための浴槽がありました。「運動浴」

に使うもので、「泳いでみろ」と言われて入ってみたら沈みはしなかった。それで、これならできるかな、と思ったんです。浮かん人は浮袋をつけてもいいけれど、子供の頃に泳いでいたような人はみんな泳いでおりました。あと、海軍さんたちがいた頃から使っていた小さな講堂があって、そこではバスケットボールを半面だけでやっていました。リングも一つしかないので、入れたら端まで行って折り返すというルールで練習しよったんです。

ただね、バスケットボールは知っておりましたが、車椅子バスケというのは初めてでした。どうしていいやら分からん。見よう見真似でやっているような状態やったです。

私はそんなふうに練習で水泳でもバスケでも何でも、いろんなスポーツをやりおったから、中村先生もパラリンピックに出してやろう、と思ったのかもしれませんね。でも、訓練の先生に東京で障害者のスポーツ大会があると言われても、そのときはピンときませんでした。先生は東京の大会には外国の選手たちも来て、彼らと試合をするんだと言うけれど、自分には関係ないという気持ちというか、あまり積極的ではなかったです。むしろ、行きたくないなあ、という感じだったというのが正直なところです。外国の選

須崎氏（右端）と中村裕氏（中央に立つスーツ姿の男性）。（提供：太陽の家）

手と一緒に競技と言ってもねェ……。まァ、聞けば向こうではそういう大会をいっぱいしよると言うけれど。

だって、前の年に怪我をしたばかりで、やっと車椅子に乗り始めたところやったわけです。自分のことができるかどうかも分からんし、東京に行こうなんて全く思えませんでした。とは言え、行くと決まった以上は練習をせなあかん。私の出る競技はバスケと水泳の平泳ぎ、陸上の百メートル競走、スラローム、槍正確投げと卓球というものでした。車椅子に乗り出して一年足らずですから、もちろん得意なものなんて一つもありませんでしたよ、ええ。

そもそも一九六四年のパラリンピックに出場するために、私はこっちに来てからほとんど初めて別府を出たんですよ。まァ、準備と言ったって、身の回りのものを用意するだけでした。ただ一つ言うんであれば、自分用の便器をきちんと持って行ったことですね。あの頃は洋式の便所なんてものがなかったから、和式の便所に行けない人はみんな、ベッドの上で専用の便器を使って排便をしていたんです。

ただ、私の使えるのは病院のものとは型が違《ちご》うとった。自衛隊の人が入院しておったことがあって、その人が使っておったのと同じものを、「いいなあ」と思って買うたんですよ。

「ゴール前を空けてくれた」

病室の知り合いのほとんどは、私と一緒にパラリンピックに出ましたね。直通の飛行機がなかったので、大分空港から小さなプロペラ機で大阪空港（伊丹空港）に行き、そこで少し大きめの飛行機に乗り換えて羽田に向かったんです。その度にいちいち抱えてもらってねェ。

飛行機に乗るのなんて初めてですから、「落ちなければいいなァ」なんてみんなで言い合っていました。というのも、ちょうどその一年くらい前に、大分空港で事故があったものですから。そう、そのとき初めて富士山を見たんですよ。「おお、富士山や」と、みんなで騒ぎよったのを覚えています。

羽田に着いたら選手村に行くための専用のバスが用意されとりました。そのバスに乗ってからも、見るものぜんぶが初めてのものでしょう。高速道路ができとったけんね。私らもその開通式をテレビ中継で見たもんだから、「ここじゃ、ここじゃ」と思ってね。「ここは海の下じゃが、どうして作ったんじゃろか」なんて言う人もおりました。あのときに見た街の風景は今も思い出します。高速道路が高いところを通っておるから、当時の東京では遠くまで景色がよく見えたんです。ちょっと背の高いホテルなんかが見えると、「あれがテレビで見たやつかなあ」と思ったり。そのときは大会前の緊張感は薄れて、少しだけ旅行気分になりました。

選手村に入って競技施設の屋根なんかを見たときは、なんだか不思議な気持ちでしたよ。オリンピックの中継で見ていたのと同じ建物が、自分の目の前にある。「本物のとこに来たんだ」って少し懐かしさのようなものを覚えてねェ。

だから、会場になる織田競技場に着いたときは、なんというか、「ここでやるんか……」とちょっとがっかりしたような気持ちになりました。テレビでやっていたオリンピックの競技場とは全く違う。

それから、私は前の年に中村先生に言われて、山口の国体にも行ったんです。先生に「あそこでやりよるから行こう」と病院から連れ出されて。普通やったら病院の患者を連れて行かんよねぇ……。そこが中村先生らしいところですけれど。

それで、向こうでは高学年くらいの子供たちの障害者と競技をやったんです。子供たちは小児麻痺のようでしたね。ただ、彼らは体は小さいけれど車椅子は速くて、こっちも一生懸命にならないと負けるくらいでした。そのとき陸上に使った競技場がとても綺麗だったんです。だから、織田競技場がみすぼらしく見えたんですよ。

パラリンピックで私は六つくらいの競技に出る予定だったと言いましたが、バスケットボールのチームは病院とセンターの混成です。別府病院とセンターのチームに分かれて、行く前にも体育館で四、五日だけ練習しました。

センターの人たちの方が上手でしたね。病院であるこちらと違って、向こうは怪我をしてからある程度の年数が経った人たちやったでしょう？　職業を持っている人もいたし、口が達者な人もいて、少し先輩という感じでした。

競技で印象に残っているのは、そのバスケットでアメリカと試合をしたときかな。日本チームは弱くて、一試合に六点くらいしか取れなかった。相手は三十点、四十点ですよ。それで、アメリカのチームは見るに見かねて、ついにゴール前を空けてくれたんです。軽くシュートを打ってみろ、とスペースを空けてくれたんですね。でも、こちらはそれでもなかなかシュートが決まらないくらいでねェ。あの頃はポジションも何もなくて、ただボールを一生懸命に運んでいる感じでしたよ。

実を言えば、あとはずっと慌ただしくて、会場を走り回っていた記憶しかないんです。何しろ六つの競技に出て、バスケットボールは六チームの総当たり戦でしたから、試合の合間に他の競技に出るような感じでね。

それに、大会当時の私は風邪をひいてしまっていたんです……。別府から東京に行く前の日、風呂から出たら新聞社か何かの人が来とった。温泉でポカポカしとったときに、寒空の下でインタビューを受けたからだと思うんですが、現地に着いた頃から具合が悪うなってきちゃいましてねえ。

これでは水泳は出られんかな、と思ったけれど、一緒に来たドクターに薬をもらったら少し良くなったんで、頑張って出たんですよ。だから、とにかく当日は慌ただしい上に具合も悪かったので大変で、休みの日も選手村を歩き回れなかったのは残念でした。

それでも印象に残っているのは、やっぱり向こうの選手らの明るい雰囲気いうんかな、和気あいあいと食事をしているような様子は心に残りました。日本の選手たちはそういう雰囲気ではなかったですから。何より私らは病院から来ているわけで、外国人選手はそうではないでしょう。なんとも近寄りがたく感じたものでした。

第6章

あの日の主役は僕らだった

フェンシングに出場した青野繁夫氏。
（提供：青野行雄氏）

「見世物にされるのではないか」

私はここまで、当時のパラリンピックに出場した四人の選手に話を聞いてきた。箱根療養所の笹原千代乃と長谷川雅巳、別府の近藤秀夫と須崎勝巳――。四人の「語り」を聞きながら、この取材を始める前はおぼろげだった「一九六四年のパラリンピック」のイメージが、徐々に鮮明になっていくのを私は感じていた。

彼らが怪我を負った背景には炭鉱労働やモータリゼーション、急速に変貌する都市の喧騒など、高度経済成長期の日本があった。そして、半世紀以上前に開催された東京パラリンピックの時代、車椅子に乗る脊髄損傷の人々は、彼ら自身が病院や療養所で一生を過ごすと考えていた。医療者や社会の側にとっても彼らは保護され、隠された存在であったが、その当事者にとってもそれは同じであったのである。

そんな一つひとつの語りを聞きながら私は、それ故に当時のパラリンピックに出場するということが、彼らにとって現代の感覚からは比べようもないほどの大きな飛躍であったことを実感として理解していった。

日本人選手たちがパラリンピックにおいて「うつむきがちで覇気のない様子」に見えたのは、彼らが下半身麻痺という障害のある「患者」であったからではない。障害のある人を「保護」の必要な「患者」として捉え、社会参加の環境を作ってこなかった日本社会の側にこそ大きな課題があった。

では、東京の織田フィールドにやって来た彼らは、そこで何を見たのだろうか。そして、そこでの体験は彼らにとって、どのような意味を持つものだったのだろう。

当事者たちの話をさらに聞き続けていく中で私が知ったのは、自分たちを「障害者」たらしめる社会の側のあり様や課題に、彼ら自身が気づいていく大きな契機の一つとして、当時のパラリンピックがあったことだった。

笹原や長谷川の記憶によれば、箱根療養所の選手たちは開会式の二日前に東京へ向かった。出発前には所内の講堂で壮行会が開かれ、入所者を鼓舞する所長の挨拶の後、事務長が村田英雄の「王将」（作詞・西條八十）を景気づけに歌ったという。

吹けば飛ぶよな　将棋の駒に
賭けた命を　笑わば笑え
うまれ浪花の　八百八橋
月も知ってる　俺らの意気地

あの手この手の　思案を胸に
やぶれ長屋で　今年も暮れた
愚痴も言わずに　女房の小春
つくる笑顔が　いぢらしい

明日は東京に　出て行くからは
なにがなんでも　勝たねばならぬ
空に灯がつく　通天閣に
おれの闘志が　また燃える

療養所の入所者たちの多くは、ストーク・マンデビル競技大会に派遣された安藤徳次など一部を除けば、東京どころか風祭を出るのもほとんど初めてだったと思われる。脊髄損傷の〝患者〟たちを送り出すにあたって、療養所側の人々が彼らをいかに盛り上げようとしていたかが伝わってくる選曲だろう。

だが、「なにがなんでも　勝たねばならぬ」という事務長の歌を聞きながら、少なくとも笹原と長谷川の気持ちはなかなか弾まなかった。

用意されたイギリス製の車椅子が積まれたバスに、職員に抱えられて乗せられると、国道一号線の風景が車窓に流れていく。緊張感や「見世物にされるのではないか」という不安感がない交ぜとなり、目的地が近づくにつれて二人の気分はむしろ沈み込んでいった。

密着ドキュメンタリー

箱根療養所の選手たちを乗せたバスは、代々木の選手村に行く前に川崎市の関東労災病院に立ち寄った。そこで別府を筆頭に全国の療養所や病院から来た選手が一堂に会し、日本選手団としての壮行会が行なわれる予定になっていたからである。

この関東労災病院での壮行会で、笹原は卓球でダブルスを組む小笠原文代と初めて会った。笹原が驚いたのは、その小笠原をテレビや映画のカメラが付きっ切りで撮影していたことだ。

このとき彼女に密着していたのが、大映製作の映画『東京パラリンピック　愛と栄光の祭典』（渡辺公夫監督）の撮影クルーであった。ひと月前に行なわれた「東京オリンピック」では映画監督の市川崑によるドキュメンタリーが製作されたが、渡辺も「東京パラリンピック」の製作を同じように行なっていた。

この映画にとって、二人しかいない女性出場選手の一人である小笠原は、重要な役割を担う被写体だった。それは彼女が旗手を務めるからだけではなく、二人の娘を持つ母親であったからだ。

当時三十歳の小笠原は神奈川県身障者更生指導所に入所する女性で、大会当日には二人の小さな娘が観戦にやって来ていた。彼女の娘たちは東北地方の実家に預けられており、それが実に八か月ぶりとなる母子の再会だった。

私は小笠原やその娘について知りたいと思ったが、パラリンピック後の消息は分からなかった。ただ、新聞報道によると、卓球の他にスラロームや槍正確投げに出場した彼女は卓球でダブルスを組む笹原とは異なり、パラリンピックへの出場に並々ならぬ意欲を抱いていた人物であったようだ。

新聞によって小笠原の故郷は「福島」だったり「秋田」だったりと記述が違うが、彼女が下半身麻痺になったのは三年前の春、二女を出産した後の産褥熱《さんじょくねつ》による脊髄炎が原因だったという。その後の彼女の辿った道は〈はじめは病院に見舞ってくれた夫も、いつのまにか行方不明〉という同情せずにはいられないものだったため、読売新聞の記者も〈二人の女の子を郷里の秋田に預けて、小笠原さんはどん底の気持ちを味わいました〉ととりわけ熱を込めて記事（『読売新聞』一九六四年十月二十七日）を書いている。

退院後に身障者更生指導所に入所した彼女は、夫を探し、子供たちに一目でも会いたいと松葉杖をついて郷里まで行ったこともあった。だが、そこで何事かの過酷な現実があったのだろう。〈一人で生きるよりほかにない〉という思いを抱えて、パラリンピック開催の半年前に一度は飛び出した指導所へ戻ったという。

彼女は取材に対してこう語っている。

〈この指導所で習った松葉づえではじめての外出ができたとき、これで八百屋さんへも魚屋さんへもいけるんだーと思いました。夫と子どものいる家庭が忘れられなかったんです。でも甘かったんですわー〉

七月になってパラリンピックへの出場を指導所から勧められたとき、彼女は外国から自分と同じ下半身麻痺の人たちが来ると聞いて興味を抱いた。〈まともなときは、こんなからだの人のことをユメにも考えたことがありませんでした。でもいまは、同じようなからだの人たちが外国からもくると聞いて、会ってみたい、その人たちがどんな生活をしているのか、聞いてみたいと、切実に思った〉と続けている。

小笠原は出場を決めてから、一日に三時間にわたって練習を続けた。それは現在であれば「リハビリ」と呼ばれるもので、装具を付けての歩行訓練、畳の上での筋力トレーニング、車椅子でのスラローム、卓球に槍投げと続く訓練に最初はへとへとになった。だが、次第に筋力がついてくると、彼女の顔には笑顔が多く見られるようになっていく。

〈なんでもやって、生きてる自信をもちたい。車イスでやる手仕事を身につけて、子ども

と生活をしたい。いまはそれだけがねがいです〉

という言葉を紹介した読売新聞の記者は、最後に〈小笠原さんのこの言葉は、パラリンピックにでる人たちみんなの心なのではないでしょうか〉と記事を結んでいる。

読売新聞のこの記事を読んで感じ取れるのは、こうした小笠原のようなエピソードを当時のメディアが強く求めていたということでもあるだろう。長谷川や笹原、さらには別府の須崎勝巳などの回想を聞くと、一九六四年のパラリンピックに出場した選手たちが最初に抱いていたのは、戸惑いや「見世物にされるのではないか」という不安であり、「できれば出場したくなかった」と考える者も多かった様子が窺える。

その意味でも下半身麻痺という「絶望」からパラリンピックという「希望」へ――という物語を持つ小笠原は、当時において（おそらく現在でも）パラリンピックを報じるメディアにとってとりわけ目立つ存在だった。映画『東京パラリンピック　愛と栄光の祭典』でも小笠原は重要な主人公の一人で、指導所での練習の様子や開会式で「お母ちゃん」と応援する二人の娘をカメラが追っている。そして、その隣で卓球でダブルスを組むもう一人の女性選手として、ときおり映り込んでいるのが若かりし頃の笹原であった。

「だから、私はパラリンピックがどんな大会だったのか、あんまり覚えていないの」

と、笹原は笑った。

「だって、もともと乗り気じゃないところに、女性が二人しかいないから何しろ目立ってねェ。映画を撮っている人もいるし、テレビもいるし、生まれ故郷の山梨からも取材が来るし……。行くところ行くところにカメラがあるでしょ。だから、車を押してもらっている間も、わたしはずっと下を向いていたの」

関東労災での壮行会を終えて織田フィールドに到着すると、彼女たちは選手村に入った。笹原が今でも可笑しそうに話すのは、その際に小笠原がテレビ局の取材を受けていたときの様子だ。元NHKのアナウンサーで「木島則夫モーニングショー」の司会をしていた木島が、番組で小笠原のインタビューを行なうために選手村に来ていた。笹原もそのコーナーに出演したのだが、前述のような小笠原の話を聞きながら木島はぽろぽろと涙を流すのである。

後に民社党から立候補して国会議員となる木島は、番組中に涙を見せる様子から「泣きの木島」と呼ばれ、現在に至るワイドショーの代名詞のような存在だった。その彼がイン

日本選手結団式。壇上の女性は華子妃殿下。（提供：浜本恵子氏）

タビュー中に泣きながら頷いて話を聞くという予定調和に、笹原は「木島さんがテレビの通りに泣いちゃってねェ。すごく泣いちゃうんです」と今も語るのだった。

競技については記憶なし

そうして始まったパラリンピックだが、実際に現地に行ってみると、「障害が見世物にされる」といった雰囲気を笹原や長谷川が感じることはなかった。

「大会中はね、そういう気持ちはまず感じなかったね」

と、長谷川は言う。

彼が特に好感を持ったのが自衛隊員たちの

働きぶりだった。彼らは食堂や競技場の様々な場所で選手たちの手伝いをしていたが、その動きは訓練が行き届いたもので、障害者に対する配慮も感じた。

「うん、まあ、彼らもやっぱり講義を受けたんじゃないかな。それに競技場へ行って思ったのは、この大会は我々が主役なんだということでした。お客さんたちも僕らを主人公として見てくれていたと確かに感じる雰囲気があったんだ」

彼は療養所の機関紙『函嶺』にも次のような手記を青野とともに寄せている。

私は受傷以来五年経ったが、一番コンプレックスを意識しなかったのは選手村の中を車椅子でぶらぶら散歩している時であった。あの中では全く意識しなくとも良かったのであった。そこでは我々が主役なのであった。将《まさ》に我々の世界であった。水を得た気持であった。あの気持を一瞬間だけでも感じることが出来たことは、パラリンピックに参加した最大の喜びであった。私は競技よりむしろその方に意義を感じたものだった。

日本に於《お》いて身障者が、いつになったらあのような気持で社会生活を送れる日が来る事やら。一日もその日が早く来る事を祈るかぎりである。

また、ここで彼が〈競技よりもむしろその方に意義を感じた〉と書いているように、当時の出場者の話を聞いていて共通するのは、競技については詳しく覚えていない、と誰もが語っていることだ。彼らは一人ひとりが複数の競技にエントリーしており、移動も自衛隊員らによって車椅子を押される形であったため、三日間の大会期間中は自分がどこにいるのかも把握していないような時間が続いたからだ。

とりわけ中村裕の指名した別府からの出場者の中には五種目、六種目と掛け持ちしている選手もいた。前述の須崎がそうであったし、国立別府重度障害者センターの近藤秀夫などは次のような舞台裏を回想している。

近藤は東京に旅立つ前、中村から言われたという。

「大会は確かに日本へ持ってきた。僕は自分にできることをした。しかし、持ってきた以上は成功させたい。この大会が成功するかどうかは、参加するお前たちにかかっているんだ。だから頼むぞ」

近藤にとって中村は褥瘡を治療してくれる「先生」であり、普段は「オヤジ」と親しみを込めて呼んでいる恩人であった。一方の中村にとって、福岡の炭鉱出身で若く健康な近藤は、当初から選手として目を付けていた人物だった。

出発前に中村から「頼むぞ」と言われたとき、近藤は「そう言われてもなァ」とぴんとこなかった。具体的に自分は何をすればいいのか。そう聞くと忙しい中村は「行けば分かる」と言うのみだった。そんななか、選手村に入ってすぐに、彼はその「頼むぞ」の現実的な意味を理解することになった。

彼が選手村の控室にいると、会場のスタッフから「近藤さーん」と大きな声で呼ばれる。すると、「明日は第一会場で〇時からですから、来てください」と言われ、最後には決まって「中村先生から言われていますよね？」と念を押されるのである。

「最初は何のことか分からなかったのですが……」と苦笑いを浮かべる近藤は、しばらくして状況を理解した。要するにゼッケンを付ける日本人選手を集めたはいいが、なかにはスポーツが不得意な者や、そもそも出場自体に前向きでない者もいた。よって、直前になって「やっぱりできない」と言う選手がどうしても出てきてしまい、近藤はその場合の交代要員として中村に見込まれていたのである。それが中村の「頼むぞ」という言葉の意味だった。

例えば、箱根療養所の長谷川もその一人で、出場前から気乗りしなかった水泳には結局、出場していない。結果的に近藤は初めから予定していたバスケットボールとアーチェリーに加え、スラロームや車椅子競走、棍棒投げなど六種目に出場した。フィールド競技で辞退者が出たのは、中村が用意した外国製の車椅子が日本人の体には大き過ぎたため、乗るのを嫌がる選手が多かったからだという。

「エントリーしていない百メートル走に、『これに乗って出てくれ。とにかくまっすぐ走ればいい。やってもらわないと俺が困る』とお願いされたら、私はやらざるを得なくてねェ。確かに大きな車椅子で、横に詰め物をして乗ったのを覚えています」

そもそも最初から予定されていたアーチェリーにしてからが、近藤にはほとんど初めての体験だった。

別府の施設には傷痍軍人が竹で作った練習用の和弓と矢があり、「車椅子の傷痍軍人がやっていたのだから、俺にもできるだろう」と思った近藤は、それを使ってよく遊んでいた。その様子を見聞きしていた中村は、「君はアーチェリーだ」と近藤に言った。

「アーチェリーって先生、何ですか」

「弓のことだよ」

近藤と中村の会話はそれだけで、アーチェリーという競技についての詳しい説明はなかった。彼は選手村に来るまで、アーチェリー用の弓と矢の実物を見たことがなかったのである。

よって、彼は選手村で実際の競技に使用する弓と矢を見たとき、「これがアーチェリーというものなのか……」と戸惑いながら思った。だが、戸惑ったのは彼だけではなく、選手村に集まった他の選手たちも、近藤の様子を見て別の意味で戸惑っていた。彼が別府の施設から練習で使っていた竹製の和弓を持参しており、それで競技に出るつもりでいると知ったからである。

「こんなものは恥ずかしくて見せられないと思われたのか、その晩に私の弓はどこかに隠されてしまいました。それで当日になって弓がないと言って困っていると、『お？　あんたのところにもセットしてあったぞ』と言われましてね。それで会場に行ってみたら、確かに私のところに単眼鏡の付いたアーチェリーがあったんです。でも、使い方が分からないから、とりあえず射っても、的の方に弓が飛んでいくのを確認できた程度で、どこに行ったかは分からない。それが私のエントリーしていたアーチェリーの体験でした」

運営事務局側の証言としては、語学奉仕団の橋本祐子の手足として働いた吹浦忠正が近藤の証言をこう裏付ける。

「確かに日本の選手は体格も細くて、自分で車椅子を動かせないような人もいましたね。でも、主催国だから当然、全ての競技に参加しないといけない。それなのに選手がいないから、できる人がいくつもの競技を掛け持ちしていて『多少のことはできるだろう。0点でもいいからやって来い』と言われたわけです」

また、開会式ではスタンドが満員になるほどの観客が詰めかけたのは事実だが、一方でそれぞれの競技の観客席は閑散としていることが多かった。吹浦によれば開会式ではかなりの動員がかかっていたようだ。

彼がなぜそれを知っているかというと、吹浦自身がその「人集め」を手伝ったからである。彼は大会前に世田谷や渋谷の中学校に行き、保健体育の授業として生徒を見学に動員して欲しい、その際は制服ではなく私服で来てくれないか、と頼んで回ったという。

こうした証言から分かるのは、わずか二年間という準備期間で全くの未経験であった障害者スポーツの国際大会を開催するにあたって、関係者がどうにか体裁を整えようと陰で奔走していたことだ。

会場そのものも前述のように突貫工事で作られたもので、これまで療養所や病院にいた日本人選手たちは未経験の競技を掛け持ちし、マスメディアのカメラや記者にも追いかけられていた。そうした慌ただしさや戸惑いが、彼らの競技についての記憶の薄さにつながったのだと思われる。

だが、競技の記憶が薄れているからといって、当時のパラリンピックの印象そのものまでが希薄であるわけではない。むしろその場にいた選手・関係者の全てが「衝撃を受けた」と口をそろえて語るのが、会場で見た外国人選手たちの姿や振る舞いだった。

ボランティアたちの学び

東京パラリンピックの選手村と織田フィールドの間には、食堂と選手村事務所の裏手に「東京広場」があり、その前の道に臨時で設けられた車椅子修理所の向かい側に「インタ

選手交流の場であるインターナショナルクラブにて。

ーナショナルクラブ」と呼ばれる選手たちの交流の場があった。

語学奉仕団の一員として会場での「奉仕」をしていた郷農彬子は、このクラブの担当として場を取り仕切っていた。

クラブではスナックやクッキー、飲み物は提供したが、アルコールはなし。選手たちは来るものの場が少し寂しいと感じた彼女は、大学の学園祭で演奏していた知人のバンドに声をかけて音楽を流すことにした。バンドが曲を流し始めて目を見張ったのは、そこにいたフランスやイタリアの選手たちの陽気さだった。彼らは互いに歌をうたい、体を動かして踊り始めた。それは「お酒も飲んでいないのに……」と訝《いぶか》りたくなるほどの盛り上がりで、彼女はこれまで奉仕団の研修で見てきた療養所などの様子を思い出し、自らの障害者像ががらがらと音を立てて崩れていくのを感じた。

着物姿でクラブに出てきていた郷農は外国人選手に人気があり、ときには情熱的に口説かれるようなこともあった。ある選手に挨拶がわりに抱きしめられたとき、彼女は事前に「あなたたち、外国人は愛情表現が大げさだから誤解しないようにね！」とボスである橋本祐子から釘を刺されていたことを思い出した。そして、持ち込んだギターを弾きながら歌をうたい、大いにパラリンピックという祭典を楽しもうとする彼らは、英語を話す彼女に対して故国にいる妻や夫の写真を見せてくれた。

今回、私が会った語学奉仕団のメンバーは当時を振り返るとき、決まって全員がこうした「外国人選手たちの明るさ」について語り、ときにそれを「衝撃的だった」と振り返った。日本では町で見かける障害者と言えば傷痍軍人であり、車椅子に乗る脊髄損傷者たちは療養所や病院にいた時代である。奉仕団の面々は事前の研修で訪れた療養所などでも「衝撃」を受けたが、パラリンピックの会場ではそこで抱いた障害者像をさらに覆《くつがえ》されたのである。

それは彼らの人生に多かれ少なかれ影響を与える出来事だったが、例えばその中に慶應義塾大学工学部（当時）の学生で、後の日本の福祉政策や障害者運動に大きな影響を与えた丸山一郎がいる。その丸山の評伝『常に先駆け走り抜く　障害のある人と共に生きた丸山一郎』（渡辺忠幸著）に、埼玉県立大学社会福祉学科の教授となった際に彼が書いた「活き活きと生きること——『障害』のある人に励まされて」と題した文章が紹介されている。

同書によると、二〇〇〇年にシドニーで開催されたパラリンピックの報道を見ながら、丸山は〈「東京パラリンピック」競技場での体験をダブらせていた〉と振り返っている。

一九六四年十一月のその日、丸山は織田フィールドで行なわれた開会式中、イタリアの選手団の後ろに立っていたという。そこから様々な色合いのユニフォームを着た選手団を眺めていると、えんじ色のジャージを着た日本人選手団に何とも心もとない気持ちを彼は抱いたようだ。彼は外国人選手に比べて〈日本の選手は、くすんだ赤のトレーナー姿であり、随分と見劣りがした〉と書いている。彼の目にジャージがくすんだ色に見えたのは、日本の脊髄損傷者たちの置かれた次のような状況を語学奉仕団の一員としてすでに学んでいたからかもしれない。

バスケットのような激しい車椅子競技も行なった五三名の日本選手は、その全てが受傷以来、初めて、労災病院や収容施設から来た痩せ衰えた病人であった。傷痍軍人や炭鉱夫や建設業などの人が多かったのであるが、再び働くなどとは想像すらもできず、病院や施設から娑婆《しゃば》に出ることは全くない、日常生活は看護婦や介護者の手にゆだねて一生、病院・施設で過ごすことを疑わない人々であった。東京に出てくる列車や初めて乗る飛行機の旅をするだけで精一杯だったようで、すぐ疲れて部屋で休んでしまう状態でスポーツマン・ウーマンからはほど遠い。競技時刻が迫ってきたのを知らせる我々ボランティアに、力なく礼を言うような人たちばかりであった。

対して丸山が比べずにはいられなかったのが、外国人選手の明るさや力強さであった。彼ら・彼女らは麻痺のある下半身こそか細いものの、一方で上半身は見事に鍛えられて筋肉の盛り上がった者も多かった。職業を聞けば弁護士や教師、官僚や音楽家といった専門た。職であるのも普通で、競技についても各国の地区予選を戦って代表に選ばれていた。

ファッションや化粧にも気を遣い、なかには場所によって靴を使い分けている選手もいる。パラリンピックの会場で丸山とともに行動することの多かった吹浦も、次のようなエピソードが忘れられないと話す。

「とにかく美智子妃が毎日のように会場に来て、熱心に競技をご覧になられていたでしょう？　だから、イスラエルの選手たちが妃殿下の見学に備えて、『美容院に行きたい』と言い出したんです。でも、とてもそんな大人数を一度にやってくれる美容院が見つからなくて、マルイチ（丸山一郎のこと）と手分けをして探したんです。確か伊勢丹の近くのお店が引き受けてくれたのかな。

つまりね、外国の選手たちは車椅子に乗っているというだけで、至って普段通りに過ごしているんですよ。マルイチにしろ私にしろ、障害者がそんなふうに堂々としているのを見たことがないから、まずはそれに驚いた。一人で電車に乗りたい、あれしたい、これしたい、と次々に要望も出てくるしね。パラリンピックのとき、新幹線のドアが三センチ狭くて車椅子が入れなかったので、それを広げることも実現したのだけれど、彼らの要望に応えるためには、この日本ではあらゆるところをバリアフリーにする必要があったんだ」

さらに語学奉仕団として「通訳」を行なう丸山は、〈日本選手や全国から来た障害のある観客と外国人との通訳をすることに、大変な困難があったのは大きな衝撃であった〉と振り返っている。なぜなら、そこに日本と欧米における障害者の社会進出の格差が、ありありと浮かび上がってきたからである。海外からの来日客や選手は、日本の選手や関係者に対して様々なことを聞きたがった。恋人や友人、家族について、結婚や育児、性生活、仕事や趣味、現在の政治や国際情勢について何を思うか……等々。

だが、こうした質問をされた日本人の選手たちは、言うべき答えをそもそも持っていなかった。障害のある日本人選手たちは、それでも外国人たちの質問に対して誠実に答えようとしたが、しかし〈その多くは己が不運・不幸やこれまでの苦労などの嘆きを訴えるものが圧倒的であった〉と丸山は続ける。

〈何の収入もない、病院から街に出てゆくこともできない、友人はいない、去った夫・妻、逢えない（逢わない）家族、裏切られた人のこと、死後の後始末、生きがいのない毎日などなど。片や人生の楽しみ方や積極的な地域生活や社会参加を尋ねているのに対し、一方

は何も希望がないことを訴えたかった〉

丸山は大会前の研修で繰り返し言われていたように、通訳者としてありのままの言葉を伝え、私見を挟まないように注意を払った。

だが、お互いの生きる社会の背景が余りに異なるため、社会経験や知識の乏しい学生の通訳には限界があった。双方がカルチャーショックを受け、彼自身も同じようにショックを受けながらも、それを説明する言葉がない。説明するためには日本と欧米の障害者政策の歴史を学ばねばならず、それを受容する社会のあり方についての理解も必要だったからだ。そんななか、通訳を介してコミュニケーションを取ろうとした彼らは、いくつかのやり取りを交わした後、意思疎通がそもそもできないほどにお互いの社会や考え方に違いがあることを覚《さと》ったようだった。私たちは——と丸山は続けて書いている。

欧米選手たちの気の置けない楽しさに、強い衝撃と憧れを抱いた。それはこれまで体験したことのない楽しい交流であった。体に障害のあることが人生を楽しむには何ら関係ないような、逆に障害があるからこんなにも楽しめるようにも思え、大変興味を憶えた。一方で、この大会を終えて帰って行く日本の選手たちの状況が余りに惨めであり、ショックであった。そして彼我の差は到底埋まらないように思え、人間の価値に関する日本社会の未成熟さを絶望的に感じたのである。

この体験が契機となり、丸山は日本の障害者福祉サービスのために生涯を捧げるように生きていくことになるのである。

大会をエンジョイ

次に「ボランティア」だった丸山の受けた「衝撃」に対し、日本人選手たちは外国人選手たちのそんな姿に接してどのような思いを抱いたのだろうか。

箱根療養所から出場した長谷川博巳は言う。

「たしかアルゼンチンのやつらだと思うけれど、バスなんかで移動するときに乗り合わせるわけ。すると、あのチームは本当に陽気でね。どうしてこんなにわいわいと笑って喋りまくるのかな、と思うくらいだった。僕に言葉は分からないわけだけれど、心から楽しそうに、大会をエンジョイしてるのが分かるんだ。一方の僕らは怪我をして四年も五年も経って、それでも黙って下を向いているのにね。その違いはちょっと異次元で、びっくりしたよ」

アルゼンチンはとりわけ日本人選手たちの印象に残った国の一つで、例えば視線を黙ったまま交わして挨拶するような仕草が彼らを魅了したという。

また、戸田の身体障害者センターから唯一パラリンピックに出場し、水泳や棍棒投げなどに出場した菅牧夫も次のように語っている。

「開会式のときから、日本以外の選手はみんな元気よくてね。あと、車椅子が全然違うんですよ。向こうの人は前輪をひょいっと上げて、階段を下りたり上ったりしている。そういう仕草を見て、実に感心した記憶があります」

長谷川はパラリンピック後、前述の機関紙『函嶺』でこう当時を振り返る。

私自身も当初は、パラリンピック開催は時期尚早と言う意見であった。確かに運営面その他種々な点でそういう見方も出来なくはなかった。しかし、私にとってその様な不備不足にも拘らず、私が参加して、諸外国の選手及び役員の実際を見、聞いた事は、又彼等と共に一週間生活を共にした事は非常に尊い、貴重な体験であった。それによって色々な事実を知る事が出来た。人は言う。「外国選手は日本のそれと比して、明るく陽気ですらある」と。私は外国選手が明るく陽気でいられる背景を若干知ったのである。実際、暗い陰さんな影はないのである。それはそれなりの理由があるのだ。身障者に対する社会一般の理解がそこにあるからなのである。彼等は暗くなる理由がないのである。彼等は一個の人格として社会から認められているし、従って一人の人間であるという自覚をもっているのである。この辺が日本と違う処だと思う。

同じく『函嶺』において、青野繁夫もまた長谷川と同様に〈外国の選手のあの明るさは何処から来ているのか疑問に思ったのは私一人ではあるまい。勿論国民性もあろう。が、しかし国家の福祉制度の充実から、生活の安定があっての事である事には、間違いあるまい〉と書いている。

フェンシングと水泳でメダルを獲得した青野は、パラリンピックによって〈やればでき

選手村内の食堂・富士にて。

る〉という自信を深めた。競技を終えたときは対戦したオーストラリアの選手たちと抱き合い、思わず感激のあまり涙を流したと振り返っている。そのとき彼の胸にあったのはこれまでの病床での生活であり、それは〈私達の生活をささえ、発展させる原動力になる〉という予感を覚えるほどの感激だったという。『函領』の手記で彼はその心のあり様を吐露した後、「しかし」と続けている。

日本の現状は所謂《いわゆる》先進国との差が有りすぎる様な気がしてならない。私達が身体だけ社会生活に堪え得る元気さを回復したとしても、現状はどんな受入れ方をしてくれるであろうか。なる程法律では、身障者雇用促進法が立派に成立している。であるが、これは全く軽度の身障者のものである。いやそれすら法の完全運用には程遠い状態ではないだろうか。

未だ戦後の日本が敗戦によって、身障者の其処まで手が回らないと云うなら、被害度の同様なドイツにしろ、イタリアにしても、立派に彼の国の身障者の生活は、生活を享受していると言えるものとして、不思議でならないのである。

私達パラリンピック出場者のブレザーを揃え得ないのも、又小さい事であるが、私達の事を政府が認識しているとは、毫《ごう》も言えないと私は思うのである。私達と雖《いえど》も生活を楽しむ権利があるはずである。私は日本の政治者に対して、より一層の理解と、温かさを、私達の立場から強く要求したく思うし、又当然私達が先頭に起って、要求しなければ解ってもらえないし、又改善されないではないかと、つくづく考えた次第である。

しかしお互いに傷ついた者同士の集いは、楽しかった。そこには政治政略はなく、手を握り合い、肩をたたき、又この次会う日迄お元気で、と将来を祝福している姿に、私達だけが知る涙を禁じ得ないのも、又懐かしい思い出である。

とにかくパラリンピックは幾多の体験を私達に与え、又心の奥まで浸み込ませてくれた。そしてこの機会に、国民の私達に対する理解度を深めていただきつつある事は、甚だ喜ばしい事である。然しながら、私達は世間の軽い同情を求めるものではない。真剣である。永久にこの大地に二本の足で歩をかまえなくとも、立派に足のかわりの車椅子がある。今後自らをより一層強く持して、将来に期待して、人間として与えられた使命を果す如く、鋭意努力したいと、この意義あるパラリンピックに参加して、心に硬く期した次第である。そして全国の脊損者乃至《ないし》身体障害者が幸福な明るい生活を笑顔で送れる日の一日も早く訪れる事を、信じたいのである。

ここにある〈永久にこの大地に二本の足で歩をかまえなくとも、立派に足のかわりの車椅子がある。今後自らをより一層強く持して、将来に期待して、人間として与えられた使命を果す如く、鋭意努力したい〉という気持ちは、長く療養所での生活を送ってきた青野にとってみれば、これまでになかったほど前向きな希望であったと言える。

次に、この青野や長谷川とともに選手村に来た笹原千代乃はどうだったのか。

彼女は会場に到着してからずっと取材陣から逃げ回ってばかりいたが、開会式で青野の宣誓を間近に見た後、卓球の試合では小笠原と組んだダブルスで三位に入る好成績を残した。

そうした試合を終えると、彼女にもようやく心の余裕が少しずつ生まれてきた。車椅子バスケットボールを会場に見に行った際は、外国人選手の車椅子の捌《さば》き方の巧みさに驚いた。そして、彼女がとりわけ興味を持ったのが、周囲を行き来する女性外国人選手たちの姿だった。彼女たちのなかに、足がとても綺麗な選手が多いことに気づいたからだ。

日本人選手団の自分と小笠原は男性選手と同じズボンをはいていたが、海外選手の中にはスカートを身につけている人も多かった。そこに見える足が太くて美しかったと彼女は言う。それがどうしても気になって語学奉仕団の一人に通訳を頼むと、ストッキングに綿を入れて足を綺麗に見せているとのことだった。

この話を聞いて、「ああ、そうなのか」と笹原は彼女たちに俄然《がぜん》興味が湧いてきたと話す。

そこで、彼女は閉会式の際、語学奉仕団のメンバーに頼んで、オランダなどの選手数人に通訳を交えて話を聞いた。なぜ外国人の選手たちは、この大会をあれほど楽しむことができるのか。

「わたしなんて日本人選手のなかでも、いちばんうつむいていたから、本当に不思議でねぇ。そうしたら、みんな結婚していて、子供もいて、家にはプールがあって、自動車を運転していて……と次々に言ったの。その頃、わたしは死ぬことばかりと言ったら大げさだけれど、そんなことしか考えていなかったから、本当に驚いたんです」

目覚めの季節

パラリンピックの第一部の閉会式は十一月十二日、午後五時から国立総合体育館の別館（第三会場）で行なわれた。空模様は曇りがちで小雨も降っていたが、会場には開会式同様に三千人の観客が訪れていた。参加二十二か国三百六十九人の選手たちが整列し、天井からの照明が車椅子の車輪に反射してきらきらと光っていた。

午後五時ちょうどのファンファーレとともに始まった閉会式では、女子学生百二十人の『パラリンピック賛歌』が合唱で披露された後、真っ白なターバン風の帽子とコート姿の美智子妃によるトロフィーの授与が行なわれた。そのうちの一人であるフランスの男子フェンシング・サーブルの選手が美智子妃から「銀の剣」を受け取り、騎士道に則って剣を縦にして敬礼するシーンは、閉会式を象徴するものの一つとなった。

この閉会式の最も感動的な一幕は、グットマンや葛西の挨拶が終わり、「君が代」の吹奏とともに掲げられていた日の丸やＳＭＧ旗が降納された後に起こった。

次期開催国として「メキシコ」の名がアナウンスされ、今度は「蛍の光」が会場に流されての選手退場となった。だが、彼らはなかなか会場から去らなかった。日本選手団の隣にいたイタリア選手団の面々が、車椅子をぶつけるようにして日本人選手たちに握手を求め、口々に「グラッツェ」と言った。それを見ていたイギリス選手団も勢いよく近づき、選手たちは体育館の中心に輪になって集まると、車椅子から伸びあがるようにして握手を交わし始めた。

手を叩き合い、帽子を投げ、肩を抱き合う彼らの姿に対して、会場からは自ずと割れるような拍手が巻き起こった。ロイヤルボックスにいたグットマンも、夫人のエルザとともに満面の笑みで手拍子を続けている。会場には選手たちの声が反響し、次第に彼らは選手同士だけではなく、会場を訪れた観客たちとも握手をして交歓が続いたのだった。

その輪の中にいた笹原千代乃は、何か言いようのない気持ちが胸の奥から湧き上がってくるのを感じていた。選手村に来たとき、ずっと下を向いていた気持ちはいつの間にか消えていた。ふと「待てよ」と彼女は思った。

「もし、あのオランダの女性選手たちのようにこの社会で生きていけるのであれば、自分も挑戦してもいいのかな」

閉会式のとき、彼女は「心の中で確かに何かを感じていたのね」と言う。

「わたしだってオシャレをしたり、結婚したりできるかもしれないじゃないか、って。もう一度だけ、自分の力を試してみよう、って」

こうした回想から分かるのは、彼ら・彼女らが「パラリンピック」の体験によってある種の「目覚め」を得たことだ。丸山一郎の言うように最初は自らの身の上や境遇の不幸を嘆いていた入所者たちは、大会が終わる頃にはこのように「社会」へと目を向け始めている。この劇的な変化は、パラリンピックを日本に持ち込んだ中村裕が、まさに目指していたことだった。

「失われたものを数えるな。残されたものを数えよ」

グットマンのこの言葉は、確かに日本人の出場者たちに強いメッセージとして伝わったのである。

中村は自著『太陽の仲間たちよ』において、外国人選手たちの自立した姿について分析を加えた後、次のように書いている。

〈日本の社会全体が、「身障者は保護すべきもの」と考えていた。大会関係者のなかにも、そういう考え方をする人が多かった。

「大変だ。外人選手が勝手に街へ出て行っている。すぐ一人ひとりに自衛隊をつけよう。事故が起きてからでは遅い」

と、大騒ぎする人もいた。カンカンガクガクの会議の末に、せっかくの提案は没になったが、その提案が通っていたら「東京では重要人物扱いされた」と、大会史に残ることになったろう。

新幹線が脚光を浴び、高度成長の波がすぐちかくまで寄せていた。東京の街に新しいビルは建ちはじめていたが、マンションという名はまだ一般的なものではなかった。個人のプライバシーという問題も、身近なものではなかった。身障者は保護すべきもので、そのプライバシーなどは論外だった。

しかし、そういう時期だからこそ、〝車椅子の外人〟の明るい姿は、あるはっきりした――生命の尊さ――を教えてくれたように思われた〉

そして、中村は日本選手団の解団式で、選手たちを前にこう話したのである。

「社会の関心を集めるためのムードづくりは終わりました。これからは慈善にすがるのではなく、身障者が自立できるよう施設を作る必要があります。戦いはこれからです」

それは中村にとって、翌年に「太陽の家」を別府に設立し、様々な「戦い」を開始する宣言でもあった。

こうして五日間にわたったパラリンピックの第一部「国際競技」は閉幕し、翌日からの二日間をかけて第二部である「国内競技」が引き続き行なわれた。パラプレジア（下半身麻痺）の大会であった第一部に対して、第二部では肢体不自由者、視力障害者、聴力障害者の三部門が用意され、四十六都道府県の代表に復帰前の沖縄と西ドイツの招待選手を加えた四百八十七人が競技に参加した。

それぞれの部門ごとに競走、跳躍、投擲《とうてき》、球技、水泳が行なわれ、肢体不自由部門にだけ車椅子スラロームと弓が加えられた。海外の大会では一選手が「走る」「跳ぶ」「投げる」「泳ぐ」という四種目に参加することが一般的だったが、障害者スポーツの制度が手薄だった日本では、一人につき二競技、希望者にだけ水泳が付け加えられる形をとった。

開会式には第一部と同様に皇太子夫妻が臨席し、二人は競技を興味深く観戦した。快晴に恵まれた二日目には首相の佐藤栄作が織田フィールドに姿を見せ、閉会式にはやはり両殿下がロイヤルボックスで行進する選手たちを見守った。

一九六四年の東京パラリンピックは、そうして選手退場時の二度目の「蛍の光」の演奏とともに幕を閉じたのだった。

第7章 祭りのあとの自立と「夢」

日本選手団解団式。（提供：浜本恵子氏）

大きな「はじまり」

一九六四年の東京パラリンピックはこうして幕を閉じた。

それにしても、箱根療養所や別府から参加した選手や語学奉仕団、中村裕のような中心人物にとって、このパラリンピックとはどのような意味を持ったのだろうか。

実際に大会に出場した選手に話を聞くなかで、強く印象に残ったことがある。それは彼らにとって「パラリンピック」という大会が、開催の一年前、人によっては半年前に出場を打診された青天の霹靂《へきれき》のような出来事であったという事実だ。

なかには青野繁夫のように、初めからパラリンピックの意義に自覚的な者もいた。だが、一方で同じ箱根療養所の長谷川雅巳や笹原千代乃は、担当の医師から命じられるままに大会に出場していた。出場を拒否する選択肢がなかった彼らは、「見世物にされるのではないか」「人前に出るのは恥ずかしい」という不安を胸に抱きながら、人里離れた療養所から東京の代々木へと向かった。

別府から出場した近藤秀夫や須崎勝巳も同じだった。別府の選手たちの背後には中村裕という絶対的な医師がおり、中村への信頼が遠い別府から東京へ旅する彼らの心を支えていた。

そうした出場者や語学奉仕団などの関係者の話を聞きながら、私は日本の戦後史の語られてこなかった一面に触れているような気持ちを抱いた。それは一人の取材者としての高揚を覚える瞬間であると同時に、彼らの証言をその歴史に刻み付けることが、話を聞いた書き手としての責任であるという思いにつながっていった。

一九六四年のパラリンピックに出場する前、彼らは療養所や病院にいる「患者」だった。わずか五日間という開催期間の中で、彼らは全身全霊で様々なことを吸収した。外国人選手たちの姿や言葉に触れ、海外の障害者の暮らしを知り、皇太子や美智子妃（当時）との交流を経験した。

それらの経験は彼らの一部を「行動する人」に変え、その影響は「パラリンピック後」の社会に波紋のように広がっていくことになる。当時のパラリンピックの意義とは、まさにそこにあったと言える。一九六四年のパラリンピックは彼らにとって、大きな「はじまり」であったのだ。

そんななか、障害者政策や自立の環境が欧米と比べて大きく立ち遅れていた日本社会にとって、彼らの存在がどのような意味を持つようになっていったのか。この章では関係者たちの「その後」を追うことで、その一端を描いていきたいと思う。

自立とは何か

最初に、別府から参加した近藤秀夫の「その後」を見てみよう。

パラリンピック後、別府に戻った近藤秀夫の人生にも、しばらくして大きな転機が訪れた。近藤は半ば中村に命令される形ではあったが、六種目の競技に出場した。そして、開会式や閉会式だけではなく、選手村で多くの外国人選手の姿を見た。

「私が彼らの姿を見て直感したのは――」

と、彼は続ける。

「私たち日本人の脊損患者と彼らとは何かが違う、ということでした。ただ、その『何か』が何であるかは、すぐには言葉にできませんでしたが。とにかく、笑顔もなくぼそぼそと話す日本人選手と比べて、外国人選手たちは誰もが堂々としていました。その姿を見ていると、日本の施設の職員たちが言う『自立』と、彼らにとっての『自立』との間にはかけ離れた何かがあるんだ、と私は思いました。しかし、その差はどこから来るものなのか。当時はまだ分かりませんでした。

今なら私もそれを言葉にできます。要するに仕事とは『自立』の根底にあるものですが、必要なのはそれだけではない。社会での生活を自分自身がコントロールしているという自信というのでしょうか。結婚もして、普通の人たちと同じように街の中で生きている、という自信のようなものが、彼らの堂々とした雰囲気の背景にはあったのだ、と」

これは医学だけでは脊髄損傷者の社会復帰はできないとストーク・マンデビルで痛感し、日本でのパラリンピック開催を志した中村裕の思いとも重なるものだった。中村はパラリンピックの閉会式で、「戦いはこれからです」と語っていた。それは彼にとって後に「太陽の家」を実現するための長い戦いを意味していた。

一九六四年のパラリンピックが閉幕した日、近藤も中村と同様に自分の体の裡《うち》側から「かっかと燃えるような感情」が湧いてきていることに気づいた。

戦時中の岡山で生まれ、炭鉱で少年時代に怪我を負い、十年以上にわたって下肢麻痺者としての生活を続けてきた。別府の療養所では「悪ガキ」の一人となって、同じ施設の仲間を相手に商売もした。

そんなふうに施設で様々な行動を起こしたのは、当時から「障害者だから何もしないというのは嫌だ」という思いが、近藤の胸に強くあったからだった。だから、一度は自らが発起人となって施設の事務所に掛け合い、手に職を付けようとしたこともあった。施設では望めばラジオや時計の修理、印鑑を彫る技術などを学ぶ機会を得られたため、そのうちの何かを仕事にしようとした。彼は編み物の訓練を熱心に行ない、パラリンピックに出場する頃には機械編みで背広を作れるようにもなっていた。

だが、そのように仕事につながる「技術」を習得してみると、一方で彼は虚《むな》しさのような感情を覚えるようにもなった。確かに機械の修理の技術を身につけたり、編み物の資格を取ったりすれば、仕事をできるようにはなるだろう。ところが、施設の外に出て「自立」をするためには、技術だけではどうにもならないという現実にまざまざと直面したからである。

近藤は別府の施設に来たとき、職員から「近藤さん良かったね。ここには一生いられるんだよ」と言われた。そのとき、一度は家を失ってホームレス生活を送った経験もある彼は、「ああ、良かった」と心に安らぎさえ覚えたものだったが、十年の間、施設での生活を続けていると、今度は外の世界に再び出たいと思うようになった。

問題なのは、そのための手掛かりがないことだった。施設の医師やスタッフは研修で海外に出ることも多かったが、彼らが持ち帰ってくるのは新しいリハビリの機器や医療機器ばかりである。

「『自立、自立』と言われても、自立できる人、つまりは施設から出られる人というのは、親がいる人たちなんですね。しっかり帰る体制が整えられるから帰れるのであって、私のような身寄りのない人間が帰ることはできなかったのです」

脊髄損傷で車椅子の生活をする者にとって、最も注意しなければならないのは床《とこ》ずれだ。たとえ仕事ができたとしても、床ずれができればしばらく治療に専念しなければならない。

「そのときに相談できる人が私にはいませんでした。また、それこそ排尿や排便の機能、生殖機能から全てがなくなってしまったのですから、怪我をする前は仕事や家族のあった人でも、『お父さん』と呼ばれても父親らしいことができない、子供を抱くこともできない、と家に帰らない人も多かったんです。彼らは労災の年金や恩給を家に送りながら、自分は施設で生活をしていました。その意味で施設を出て『自立』をしたくても、きっかけがないと諦めていました。だから、あの頃の私の頭には『どんなに技術があってもダメなんだ』という思いがこびりついていたものです」

そんなとき、中村裕に声をかけられて出場したのが、一九六四年のパラリンピックであった。

車椅子の社長・ダート

そのパラリンピックを終えた後、施設を出て何かをしたいという近藤の思いは高まるばかりだった。その思いを察していたところもあったのだろう、「太陽の家」を構想し始めていた中村が彼に次のように言ったのである。

「君はこのままここにいる気はないのだろう？」

こうしたとき、選択の全てを相手に任せるのが彼の生き方であった。

「先生にお任せします。僕には行くところがありませんから」

そう返事をすると、中村は二つの案を近藤に対して提示した。

「これから私は別府に君たちと一緒に働ける場所を作ろうと思っている。一つはそこに来てもいい。もう一つは、実はタッパーウェアというアメリカの資本の会社があって、その日本法人の社長から障害者を雇いたいという話が来ているんだ。君はどちらがいい？」

だが、近藤にはどちらも想像がつかない話だった。想像がつかないのであれば、どちらを選んでも同じことだ。「ええ、やっぱり先生にお任せします」と彼は続けた。

「そうか。まァ、俺のところに帰って来るのはいつでもできるからな。それなら一度は外に出てみるのがいいんじゃないか」

中村が近藤の行き先として提案したこのタッパーウェアは、一九四六年にアメリカで創業されたプラスチック製の気密容器の会社だ。同社は東京パラリンピックの前年に当たる一九六三年から日本での販売を開始していたのだが、中村の話は近藤にとってかなり意外なものだった。

同社の日本法人の社長はジャスティン・ダートという名前で、彼自身もポリオによる下肢麻痺で車椅子に乗る人物だった。彼はパラリンピックへ出場した日本人を中心に十人ほどの車椅子バスケットボールのメンバーを集めようとしており、中村裕にその人集めを頼んだということらしい。

近藤は中村の推薦でタッパーウェアの面接を受けた。体育館でスポーツテストが行なわれ、体の小さい近藤は合格する自信がなかったものの、結果的に十人のうちの一人に滑り込むことができた。そうして集められたタッパーウェアの十人の選手は、ダート個人の秘書として雇われたという。

そして、東京の吉祥寺近くの寮に集められた彼らは、それからの二年間をそこで過ごすことになったのである。

サイゴンの地獄を見て

それにしても、ダートというアメリカ人はなぜ、このとき日本の下肢麻痺の選手たちを集め、日本にはまだ存在しなかった車椅子バスケットボールのチームを作ろうと考えたのだろうか。

別府や関東労災の寄せ集めだった車椅子バスケットボール日本代表は、パラリンピックにおいて全ての試合に惨敗した。中村も欧米のチームには初めから敵《かな》わないと考えていたが、障害者スポーツにおいて日本よりも環境が悪いはずのフィリピンにも、皇族が観戦する前で敗北を喫していた。彼は自著『太陽の仲間たちよ』で〈「頑張れ」と声援するより、「早く終わってくれ」と祈る気持ち〉だったとそのときの心境を振り返っている。

近藤は話す。

「ダートは自分も車椅子に乗った障害者だったので、パラリンピックの成績を聞いて随分と悔しがったそうです。日本の選手がこれほどの惨敗を喫したのは、日本の障害者がスポーツをできないのではなく、日本の障害者政策の中にスポーツがなかったからだ、と。彼が私を含めた十人の障害者を秘書として雇った背景には、そうした思いがあったようです」

ちなみに、このジャスティン・ダートは、アメリカの障害者政策の歴史において、後に重要な役割を果たす人物でもある。

一九九〇年、同国では障害による差別を禁止する連邦法「障害を持つアメリカ人法」、通称ADA（Americans with Disabilities Act）が制定された。この法律の制定が大きな注目を浴びたのは、人種や肌の色、信仰、性別や出身国による差別を禁止した一九六四年の公民権法に、障害者への規定が含まれていなかったからだ。

ADAの成立の背景には同国の障害者を中心とした熱心な社会運動があり、ダートはその重要人物の一人として後に活躍していくことになる（ADAの成立時にはレーガン大統領が書類にサインする横に、ダートの姿が写真に収まっている）。

ただ、その歴史を描いたノンフィクション『哀れみはいらない』（ジョセフ・P・シャピロ著、秋山愛子訳、現代書館）を読むと、ダートはタッパーウェアの社長になる以前から、必ずしも社会運動に熱心であったわけではなかったようだ。

同書の記述によると、ダートはアメリカのドラッグストア・チェーン大手の御曹司として育った。父親はカリフォルニア州の共和党員の有力者でもあり、レーガン大統領の友人でありブレーンの一人でもあったという。

ダートは幼い頃から何不自由のない生活をしてきた。彼は一九四八年、ヒューストン大学に入学した十八歳のときにポリオに罹《かか》るが、車椅子での日々を送るようになっても運転手や召使いのいる生活ができたため、障害者への差別を意識することはなかったという。

その彼が障害者のための権利運動に深くかかわるようになったのは、一九六七年の南べトナムでのリハビリテーション国際会議への参加がきっかけだった。ちょうど日本で車椅子バスケットボールのチームを解散する頃である。

ダートは〈そこで初めて、二肢マヒをもつ者の心の痛みを自覚した。「人間以下」と扱われていた障害者のトラウマ（心の傷）が、自分の問題としてようやく理解できたのだ〉とシャピロは書いている。例えば、それは次のような体験だった。

戦争でめちゃめちゃになったサイゴンで、車椅子のダートは、農村地域から連れてこられたポリオの子どもたちが住む「施設」に案内された。コンクリートの床と金属でできている小屋に近い場所で、「熱帯地域の町でみる屋台のお店とそんなに変わら」なかった。

何の心の準備もないままここに連れてこられたダートは、約百人の子どもたちがこの汚ない場所で放りっぱなしにされ、死んでもお墓もなしに外に埋められていると知った。人間としての価値や尊厳、未来などという言葉とは全く縁のない世界。地獄絵さながらの状況に子どもたちがいた。

「人間はこんなにもひどく扱われるのか。まるで焼印を押されたかのように、このことが私の魂に深く刻みこまれました」。床に放置された子どもたちは「まるでアウシュビッツのようでした。（飢えで）お腹がふくれた胴体にマッチのように細い手足がついていて、目は飛び出すかのように大きくなり、皆、自分の糞尿にまみれて横たわり、全身には蝿がまとわりついていました」

苦しみにもがくこれらの子どもたちに、ときたまうじが湧いたようなご飯が配られた。もう死にそうなある子どもはようやく手をのばし、ダートに必死で助けを求めた。怒りと無力感、悲しみ、そして罪悪感が彼を襲った。

「信じられない光景でした。私はそれまで召使いや運転手のいる生活をシカゴで送り、非常に恵まれていました。日本では、父親が経営していたレクセル・ドラッグストア・チェーンの子会社の社長としておさまり、快適な生活を送っていたのです」

ベトナム訪問後、ダートは会社を辞め、障害者を助けるため自分は何ができるか模索し始めた。

ダートがタッパーウェアの社長として日本にいたのは、彼にとって障害者の権利運動に邁進《まいしん》していくこうした「目覚め」の直前の時期に当たっていたわけである。

車椅子バスケ選手の生活

では、同社に集められた十人の「秘書」たちは、彼のもとでどのような日々を送ることになったのだろうか。

ダートには日本人の妻がおり、日本でも常に運転手付きの生活をしていた。彼は中村裕に依頼して集めた脊髄損傷の選手たちに対しても、これ以上ないほどの好待遇を用意した。

まず、選手たちの住まいは吉祥寺の元フランス大使館の建物が借り上げられ、そこは「三鷹台ハウス」と呼ばれた。千四百坪ほどの敷地にはバスケットボールのコートが作られ、二階建ての建物の大小の部屋に彼らは主に二人組になって住むことになった。二十畳ほどのリビングに同じ広さのキッチンがあったという。

ダートは選手たちのために、日本料理とフランス料理のコックと住み込みのメイドを雇った。また、パラリンピックの際に自動車工業会から寄付されたリフト式のバスを買い取り、練習場として借りた駒沢の第二体育館への移動手段とした。コーチにはパラリンピックにアメリカ代表として出場したマデュローという選手を就任させ、一からチームを鍛え上げる体制を整えた。

近藤によれば、三鷹台ハウスに来た彼らがまず教わったのは、車椅子バスケットボールのための体づくりだったという。マデュローの指導はとても厳しいもので、寮での朝食の前に車椅子での長時間の走り込みがあった。良質な食事と科学的なウェイトトレーニングによって、「二か月も経たないうちにプロレスラーのような筋肉が肩の根っこについた」という。

当時を知る人物はほとんどが亡くなっているものの、私は近藤の他にも十人のうちの一人として三鷹台ハウスにいた人物に話を聞くことができた。

井田辰一という名の彼は現在、長野県で妻と暮らしており、大きな手術を数日後に控えた状況だったが、「もう当時を知る人はほとんどいないからなァ」と取材のための時間を作ってくれた。

その日、八ヶ岳《やつがたけ》にほど近い自宅で、私は彼の話を聞くことになった。近藤もそうだが、車椅子に乗る井田の上半身は見るからに屈強で、今も選手時代の面影を色濃く残している。タッパーウェアにいた頃は胸囲が百五センチメートルはあったそうだ。

「小山、小池、それから、浜ちゃん……。上野ももういなくなってしまったからね……」

タッパーウェアでの時間をともにした仲間の名前を数え上げると、当時の記憶を彼はとても懐かしそうに振り返り始めた。

豪快な語り口で語られた「三鷹台ハウス」での思い出は、私にとってとても興味深いものだった。それはパラリンピック直後における一人の脊髄損傷者が、一九六〇年代中頃に体験したあまりに奇妙な「二年間」であったからである。

型破りな患者

「俺が初めて車椅子バスケットボールというものを見たのは、怪我をしてまだ九州労災病院の回転ベッドにいたときだったなァ……」

屋根の高い広々としたリビングで、井田は言った。

彼が脊髄に怪我を負ったのはパラリンピックの二年前の一九六二年。それまでは三井グループの企業の下請けの会社に勤務しており、九州に出張して八幡製鉄所内の改築工事を行なった帰りの出来事だった。仕事が終わって帰宅するための切符を買いに行く途中、ビルの工事現場の下を通ったときに上から資材が落ちてきたという。

もともとバスケットボールの選手だった彼は、資材の落下を察知して反射的に側溝の方に飛び込んだ。落ちてきたのは一トン以上はあるかという材木で、猛烈な圧力を感じると同時に気を失った。

東京パラリンピックのニュースをテレビで見たのは、そうして療養生活が始まってから二年後のことだ。ニュースの特番が報じていたのは、オリンピック後に「パラリンピック」という大会が開かれ、自分と同じ車椅子の選手たちが出場した、というものだった。映像には選手たちが自衛隊員に背負われて移動する様子や、いくつかの競技の模様が映し出されていた。

なかでも覚えているのが車椅子バスケットボールで、日本とアメリカのチーム力に差があり過ぎたため、アメリカチームが花道を作ってシュートを打たせた、といった話が印象に残った。

そんな彼がタッパーウェアに入社するきっかけは、そのパラリンピックが終わってすぐの頃にやってきた。事故の後に九州労災病院に入院していた彼は、しばらくして生まれ故郷である倉敷の病院に転院したのだが、労災病院で出会った患者仲間があるとき、「お前、たしかバスケットをやっていたよな」と連絡してきたのである。

「タッパーウェアという会社で選手を集めているそうだ。今度、中村先生のいる別府でテストをやるから、岡山から出てこないか？」

彼は車椅子に乗ってバスケットボールをしたことはなかったが、それでも二つ返事で別府行きを決めたのは、昔の患者仲間に会う良い機会だとすぐに思ったからだ。

「それに、俺は何というか、とても型破りな患者だったからね。それで仲間も声をかけてきたのかもしれない」

そう言って井田がいかにも可笑《おか》しそうに話したのは、次のようなエピソードだった。

九州労災病院に入院していたとき、そこから二キロメートルほど離れた場所にパチンコ屋があった。彼は療養生活が始まってしばらくすると、その店に「入院仲間」と一緒に松葉杖をついて通うようになった。

その頃の脊髄損傷の治療では「リハビリテーション」という概念が導入され始めたばかりで、医師は「歩行訓練」といって患者に松葉杖での歩行を勧めた。日本の社会には車椅子で生活するインフラがなかったため、彼らの頭にも「日本で車椅子では生活できない」という考えが強くあったからだ。

そんななか、担当医は井田たちに言った。

「君たち、パチンコに行くのはいい。そのかわり、車椅子じゃなくて松葉杖を使いなさい。帰りはタクシーを使っても構わないから」

二十代の血気盛んだった井田は、舗装もなければ横断歩道もろくに整備されていないでこぼこ道を、毎日のように松葉杖をついて歩いた。また、病院では症状の軽い患者が食堂で一杯飲み屋をやっており、夜になれば煙草の煙の充満する部屋は花札の賭博場のようだった。

「三十分ごとにおばちゃんが窓を開けにきたからね。で、俺は別府でバスケットボールのテストを受けないかと言われたとき、そのときの仲間が懐かしくなってさ。また会いたいと思ったんだ」

車椅子バスケは「宣伝」

家族の協力で別府まで行った井田は、国立別府病院の近くの体育館でテストを受けた。集まっていたのは九州を中心に山口労災病院や中部労災病院、「太陽の家」の入所者を含めて四十人弱。テストを担当したのは、後に彼らのコーチになるアメリカ人のマデュローだった。テストではドリブルをしたりシュートを打ったりしたが、車椅子でのボール捌きは初めてのことで、リングまでほとんど届かなかった。

それでも近藤と同様に合格した井田は、入社後に初めてダートとも会った。

「あの人は何しろ豪快な人でねェ。チームを作るにあたって中村先生と話をしたそうなんだが、『厚生省なんて通すとろくなことがない。必要な金はぜんぶ俺が出す』と最初から言い切っていたそうだよ。おっちゃんはいつも酒を飲んでいるみたいに赤ら顔でさ。『俺らを何に使うんだ?』って聞いたら、『タッパーウェアのコマーシャルだ』と言っていたな」

ダートは彼に伝えた。選手としての雇用期間が何年になるかは分からない。だが、給料は当時の大卒のサラリーマンが驚くような好条件である。しかも、寮での生活には食費も支給されるという破格の待遇だと聞き、井田は狐につままれたような気持ちになった。

そうして引っ越した「三鷹台ハウス」での共同生活は、それまで病院のベッドにいた井田にとってあまりに大きな変化だった。パラリンピックの際にも使用されたリフト付きの専用バス、貸し切りの練習場、朝からステーキが出てくるような食事。メンバーの誕生日になると、語学奉仕団の学生たちを交えて広々としたリビングでパーティが開かれた。

「優雅優雅。サラリーマンが一生かかったってできない生活だったんだから」

と、彼は体を揺するようにして、いかにも可笑しそうな表情を浮かべる。

「タッパーの親会社は当時、世界第三位の製薬会社だったからね。そのタッパーウェア部門の子会社も世界中にあって、ダートは日本での販売網を広げようとしていたんだな。『タッパーレディ』なんていう女性販売員が大勢いてさ。それで何か目立つことをしようということになって、ポリオで車椅子だったおっちゃんは車椅子バスケットでの興行を思いついたんだろうね」

井田が今でこそ笑い話として語るのは、三鷹台ハウスでの生活が始まってしばらく経った頃の出来事だ。

衣食住の全てが用意された寮での生活で困ったのは、貰った給料の使い道がないことだった。

「労災の奴は特に金があるから、バーなんかで飲むと『大企業の課長クラスの金の使い方をするなあ』と呆れられたものだったよ」

そう語る井田はとりわけ仲の良い三人ほどの「同僚」と、夜になると車椅子に乗ってよく寿司を食べにでかけた。当時の東京の道路には歩道はあっても、段差が多くて車椅子での移動は難しかった。だが、マデュローに鍛えられてアスリートとなってきた彼らは、そうした段差も車椅子を操作して軽々と進むことができた。

「でも、あの頃の東京には車椅子で遊び歩いている奴なんていなかったからさ――」

と、井田はいかにも愉快そうに続けた。

「その寿司屋の帰りにさ、信号を渡ろうとしていたら、交通整理をしているオマワリによく怒られたもんだよ。『ちょっとちょっと』と呼ばれて、『あなたどこの施設から出てきたんだ』って。逃げて来たみたいに見えたんだろうな。住んでいる場所を言っても信じてもらえない。『じゃあ、一緒に行きますか?』と三鷹台ハウスまで行ったら、ようやく納得してびっくりしていたよ」

井田は一九四一年に岡山県倉敷市に生まれた。

怪我をするまでのことについて聞いても、彼は「別に何もねえけど。普通の小学校に行って、普通に高校を卒業して大阪の会社に就職したんだ」とあまり多くを語らなかったが、後に井田と交友関係を結ぶ「長野作業所」の車椅子バスケットボール選手で、数々の大会で活躍した植木政利に話を聞くと、「井田さんは初期の頃のスタープレイヤーの一人だったんだよ」と言う。

「例えば、今の選手が当たり前のように打つレイアップシュート。ボールを下から持っていって、ぱっとしてぱあっと打つ（と彼はシュートを打つジェスチャーをした）。日本の車椅子の選手であれを初めてやったのは、あの人だったんじゃないですかねェ」

聞けば、高校時代にバスケットボールの選手だった井田は、タッパーウェアではほとんど唯一と言っていい経験者だったようだ。

「タッパーウェアでの経験の成果でもあったのでしょう。もう技がぜんぜん違いましたから。左手の弱かった私はもともとワンハンドだったけれど、当時はそれも主流じゃなかった。そんなか、井田さんだけはワンハンドでシュートも打てた。下からボールに回転をつけると、キュキュキュキュキュッと上がるんですよ。それがカゴにスポンと落ちるのを見て、つくづくスゴいものだと思いました。今はもう慣れているから当然の光景かもしれないけれど、当時はまるで曲芸師に見えたものでしたよ」

ダートが車椅子バスケットボールをタッパーウェアの宣伝に活用できると考えたのだとすれば、植木のこうした「驚き」もその理由の一つであったのだろう。

ハンディはいらない

さらに井田の話を続けて聞いてみよう。

「そうして俺はタッパーウェアに採用されて東京に出てきたわけだけれど、しばらくして始まった全国行脚は、三鷹台の寮に負けず劣らずにスゴかったなァ」

タッパーウェアの選手たちは、約一か月をかけて日本全国を車椅子バスケットボールの興行をしながら旅した。

現地で試合をするのは地元の健常者のチームで、事前にバスケットボールの競技団体に連絡し、その地方ブロックの一流選手を集めてもらったという。話がまとまるとタッパーウェアから車椅子が現地に送られ、当日まで練習する期間も用意された。

井田の記憶では、最初に行なわれたのは代々木の第二体育館を借り切っての試合だ。対戦するのは当時のナショナルチームで、東京オリンピックの出場メンバーも含まれていた。会場には「タッパーレディ」と呼ばれていた営業の女性たちを中心に三千人の観客が集まったという。

「相手には二か月前に車椅子を渡して練習をしてもらっていたんだけれど、何といってもナショナルチームだから、向こうも当然、勝てるだろうと油断していたんだろうね。車椅子に乗ったのはせいぜい一度か二度だったみたいでさ」

井田は今でも思い出すと痛快なのか、くっくと笑いをこらえた。

試合前、井田たちは相手チームに、「手抜きはなしだぞ。ハンディは五十点くらいでいいか?」と聞いた。

「ハンディ? そんなもんいらん」

「でも、そうしないとゲームにならないと思うよ」

そんなやり取りの後に開始された試合は、タッパーウェア・チームのワンサイドゲームだった。相手チームはドリブルをすればボールが車椅子にぶつかり、前に進むだけでも思うように車輪が操作できずに右往左往していた。

「まァ、確かに彼らはフリースローは上手だった。でも、お互い車椅子に乗って試合をしたらこちらの圧勝だよ。で、最終的には全く相手にならないから、『ワンゴールだけ入れさせてやろうよ』ということになってさ。浜ちゃん（後に日本車いすバスケットボール連盟を設立する浜本勝行《はまもとかつゆき》のこと＝三百八頁参照）が俺のところに来て、耳元で『おい、ファウルいけよ』と言うんだ。ただ、向こうのフリースローになるよう、タイミングを計ってファウルするのだってなかなか難しいんだ」

関係者によれば、試合結果は百点のハンディを与えた上での一一三対一〇〇だったという。つまりは一点も取られなかったのだ。よって後の打ち上げでは、車椅子のブレーキで手のひらを火傷した相手チームの選手たちが、「指が痛いよ」と言いながら感心しきりだったという。

「東京から始まった全国行脚は実に面白かったねェ」

彼がこう振り返るように、興行のための旅行でもダートのやり方は徹底していた。

仙台、札幌、新潟、金沢、名古屋、静岡、大阪、広島、福岡、熊本、鹿児島、別府の「太陽の家」……。北海道から九州までどこの町に行っても、宿泊先はその土地の最高級のホテルが用意され、玄関の前で「日本タッパーウェア様」と出迎えられた彼らには、自由に使用していい運転手付きの車が与えられた。

高級車を連ねて、完成したばかりの名神高速道路をドライブしたこともある。何台もの車が並んで停車し、車椅子を引っ張り出してぞろぞろと現れる彼らは、どの地方に行っても注目の的だったという。

ツアーには民放のテレビ局が同行し、興行試合のある場所でタッパーウェアの宣伝をした。

「俺たちが試合をすると、普段の三倍は商品が売れたんだ。だから、ダートのおっちゃんは臨時ボーナスと言って、よく小遣いもくれた。試合をやって、その前後二、三日くらいは観光旅行して、酒を飲んで、また次に行く。その繰り返しだよ」

初めて車椅子バスケットボールを見る観客たちから、彼らは試合が終わる度に「怪我は大丈夫なんですか？」と聞かれた。噂を聞きつけた厚生省の官僚が会場にやってくることもあったが、そうするとダートは「これは厚生省じゃない。タッパーウェアがやっているんだ」と強調していたものだった……と井田は言う。

「ああ、半世紀も前のことだから、話もあちこちいくな。でも、生き証人が何人か残っていて良かったよ。もうこの話をできるのも、最後みたいなものだからね」

彼はそう言って、人懐っこい笑顔を再び見せた。

ダート帰国でチーム離散

結果的に井田や近藤がタッパーウェアに在籍したのは、一九六五年からの二年間に過ぎなかった。だが、その二年間は彼ら自身が語ったように濃密なもので、彼らの後の人生に大きな影響を与えたことは想像に難くないだろう。では、井田と近藤はその後、どのようなキャリアを歩んだのだろうか。

白昼夢のような一か月ほどの全国行脚を終えると、チームの仲間たちは品川にあったタッパーウェアの工場で一年間ほどを過ごした。仕事は商品の検査係で、「自分たちの今後の身の振り方を考えるための時間だった」と井田は話す。

ダートは彼らの工場への勤務を可能にするため、トヨタ自動車と交渉して二人に一台のパブリカを用意した。トヨタの小型乗用車であるパブリカのオートマ車を改造し、品川の工場まで彼ら自身が運転して通えるようにしたのである。

ダートはその翌年にはタッパーウェアの日本法人を辞任し、しばらく本国へと帰ることになった。退職後もダートと深い交流を持ち続けた近藤によると、ダートの辞任には次のような経緯があったという。

「これは後で知ったのですが、ダートは私たちをポケットマネーで雇っていたんです。フランス大使館の別邸、それをバリアフリーにする費用、給料や食費、靴下まで全てです。ところが、会社の役員会で日本人の役員から、『社長は障害者に力を入れ過ぎている』と指摘されたそうでしてね。ダートは当然、怒りました。『会社の金は使っていない。書類も見ていないのか』と。彼はそのことに幻滅したのでしょう。社長を辞めることになったのです」

こうした事情もあってダートがいなくなると、彼のチームの選手たちもタッパーウェアを離れなければならなくなったわけだ。

その後の彼らの行き先は様々だったが、井田は御殿場の富士山麓に新しく作られたムサシノ電子工業の工場に就職した。これは厚生省の肝いりで建設された工場施設で、近隣には車椅子の障害者のための寮も建てられていた。土地は国有地の払い下げだったというから、パラリンピック後の「国策」と言える事業だったのだろう。

御殿場の新しい工場ではテレビ用のツマミの製造、プレス加工や旋盤、製品検査まで一通りの仕事が任せられた。同社には車椅子バスケットボールのクラブチームも作られ、井田はその選手としてチームを引っ張った。そうしてムサシノ電子に五年ほど在籍した彼は、タッパーウェア時代の仲間に誘われて他のクラブチームに移籍する。その後も井田は車椅子バスケットボールの選手として、国内外の大会で活躍した。

車椅子の営業マンに

近藤の場合はもう少し複雑だ。

彼はタッパーウェアを離れる際、井田と同様にいくつかの企業から誘いを受けたものの、それを断って自らの道を進もうと思ったと振り返る。

「私はずっと障害者の社会の中で生きてきたので、こっちに残って働くなら一般の企業に就職してみたいと思うようになっていたんです」

そうして彼は車椅子の製造・販売を手掛けるドルフィンという会社に就職した。それは「人生の大切な選択を全て相手にゆだねる」という生き方をしてきた彼にとって、大きな価値観の変化だったはずである。彼にその変化をもたらしたのは、言うまでもなくパラリンピックとタッパーウェアでの体験が背景にあった。

近藤がこのとき考えていたのは、パラリンピックに出場したときに初めて付けた「収尿器」の製造・販売をしてみてはどうか、というアイデアだった。収尿器は車椅子バスケットボールの選手たちに対して、中村が「海外の脊損の選手はみな、これを付けている」と渡されたものだった。

「昔は大人用のオムツがありませんでしたから、脊損の患者は病院では尿瓶《しびん》を当てていたんです。でも、バスケをするとなると、尿瓶を当てながら動くわけにはいかない。だから、薬局でオシッコを吸収する粉末の入ったものを買って、それを持ち歩いていた。そうしたら中村先生が海外から買った人数分の収尿器を持ってきましてね。『これをしなさい』と言われたときは、初めて見るものだったので驚きましたよ。最初は慣れないのでオシッコが出ませんでしたが、選手村に入って三日目くらいになると、『俺は出だしたぞ』『こっちもやっと出るようになった』と話が弾んだくらいでした」

パラリンピックの大会が終わると、中村は使用した収尿器を今度は集めると言った。

「あれは高価なものだから、お金を出すか物を返すかしかない。お金は返せないだろう?」

「でも、先生。使用済みのものを返すんですか?」

「おお、今晩のうちに洗って集めるぞ」

そんなやり取りが近藤の記憶には鮮明に残っていた。

手先が器用だった彼は、一晩のうちに収尿器を洗うだけではなく、分解して作り方を覚えておくことにした。タッパーウェアに就職する以前から、その際に構造を覚えておいた収尿器をいつか作り、自らの営業で売ってみたいという気持ちがあったのである。

一九七二年、彼はタッパーウェア時代に高知の施設で知り合った脊椎カリエスの女性と結婚。車椅子バスケットボールのイベントに出た際、「ここに来られない重い障害の子たちもいるので、顔だけでもいいから見せて行ってください」と請われて訪問したことが馴《な》れ初《そ》めだった。

近藤は就職したドルフィンの営業で全国を回る傍《かたわ》らで、「愛好クラブ」という車椅子バスケットボールのクラブチームにも所属した。愛好クラブは全国でも初のクラブチームで、後に車椅子バスケットボールの連盟を設立するタッパーウェアの同僚・浜本勝行が中心になって作ったチームだった。愛好クラブは浜本の意向で仕事を持つことが所属する条件だった。

近藤は車椅子バスケットボールを全国に広める活動にも携わり、土曜日の午後から関西に行って啓蒙活動を行ない、月曜日の朝には会社の駐車場に帰り着くと、「近藤さん、朝だよ」と同僚に起こされて再び次の一週間を始めるような生活を続けた。かなりの忙しさだったが、それでも仕事と車椅子バスケットボールの普及に身を捧げたのは、ダートの次のような言葉が胸に残っていたからだ。

「私はタッパーウェアの君たちにお金をかけたのではない。日本の全ての障害者のためにお金を使ったんだ」

車いす市民全国集会

そんな近藤の人生は一九七〇年代に入って、さらに大きな転換をみせる。一九七四年に町田市役所の福祉事務所にケースワーカーとして雇われ、日本で初めての環境要綱「町田市の福祉環境整備要綱」の作成に参加することになったからである。彼は車椅子に乗る初めての公務員とも呼ばれた。

当時、町田市は小田急線と国鉄の線路が交差しており、駅と駅の間に距離があった。通勤時間帯に会社員が道を走る様子からそこは「マラソン通り」と呼ばれていた。そんななか、市は駅を一か所にまとめる再開発事業を計画していた。革新首長の大下勝正市長が同計画に掲げたキャッチフレーズが「緑と車椅子で歩ける街づくり」というもので、当事者として近藤に白羽の矢が立った形だったという。

近藤がそのように町田市に呼ばれたのは、前年に仙台市で開催された「車いす市民交流集会」（後の「車いす市民全国集会」）への参加が直接のきっかけだった。この全国集会は朝日新聞の厚生文化事業団の主催で始まったもので、車椅子でも使えるトイレの設置や段差の解消をいち早く進めた仙台市は、福祉の街づくりのモデル都市の第一号としてこのとき表彰された。近藤は仕事で町田市の福祉業者にも出入りしていた縁で、同市の再開発事業のアドバイザー的な立場を期待されたのである。

「確かにパラリンピックは、私にとって大きなものでした」

と、近藤は言う。

「しかし、私の人生の全体を通してみれば、パラリンピックに匹敵する大きな影響を受けたものがいくつかあった。それがタッパーウェアの体験であり、また、仙台から始まった市民集会への参加だったと言えるでしょう」

車いす市民全国集会はその後、二十六年間（二年に一度）にわたって続いた。近藤はこの運動に携わったことが「自分の人生の一部を作った」と感じている。

「例えば、沖縄で車椅子の私たちが百人規模の集会をしようとすれば、二年間の準備期間に片づけなければならない問題がたくさんあるわけです。当時、車椅子は飛行機の入口ひとつにつき一台しか乗せられなかったので、一機で二人しか沖縄へ行けない。それを通産省にかけあって、何とかしてほしいと交渉が始まる――というように。宿泊するホテルだって同じです。入口が狭い、トイレが使えない、入口の段差をどうするか。二年に一度の集会のために、それだけの準備をしなければならない。その経験は私を大きく変えました」

近藤の胸には少年の頃に脊髄損傷という怪我を負い、施設で長く暮らすうちに生じた「自立」への思いがあった。

「とくに私は兄弟も親もなかったから、もともと家族に見守られながら生きていく、という選択肢がなかった。障害者の生活を支えてくれる大きな入れ物、つまりは環境ができなければならない、という思いがなおさら強かったのでしょうね」

自立とは何か。施設での生活で彼は、ずっと考え続けてきた。パラリンピックに出場することで理解したのは、そのためにはまず施設から外の世界に出て、街を自由に車椅子で動き回れなければならない、ということだった。あの外国人選手たちと同じように。「自立」とは施設や家庭といった閉じられた世界で成し遂げられるものではなく、健常者と同様に社会そのものと触れ合える「環境」こそが必要なのだと、彼は自らの体験から身に染みて理解していた。

パラリンピックへの出場から始まる彼の「自立」への道はそのようにして始まり、今も続いている。

義肢製作所や電子部品工場に就職

このように主にパラリンピックの出場者で構成されたタッパーウェアの面々は、会社を離れた後もそれぞれの道を歩んだ。

また、近藤と同じ別府からパラリンピックに出場した須崎勝巳についても触れておくと、彼は大会後に一度は愛媛県の故郷に戻ったものの、再び別府に来て「別府義肢製作所」に就職、そこで一から義肢を作る技術を身につけた。同社が「太陽の家」の義肢製作部門をしばらく担っていたため、彼は中村裕の近くで働くことになった。「太陽の家」で出会った女性と結婚し、その仲人は中村が務めたという。

一方で箱根療養所からの三人の参加者は、どのような「その後」を過ごしたのだろうか。

笹原千代乃が箱根療養所を退所したのは、パラリンピックから三年後の一九六七年六月のことだった。

パラリンピック後に厚生省は障害者の「社会復帰」を進めるようになり、箱根療養所の人々も前年の一九六六年から、これまで取得できなかった自動車免許を取れるようになった。免許の取得は療養所の方針でもあり、笹原も用意されたバスで教習所を行き来して免許を取った。

免許取得後の彼女が向かったのは、前述の井田も就職したムサシノ電子工業であった。箱根療養所の入所者は十人ほどがこの工場へ同時に就職しており、テレビのツマミをハンダ付けする仕事に従事した。例えば前述の日本ウイール・チェアーの後藤章夫が箱根療養所から車椅子の発注を受けたのも、彼らのために新しい車椅子が必要になったという事情があったからである。

ムサシノ電子工業には後に車椅子バスケットボールのクラブチームも作られ、日本の脊髄損傷者とスポーツの歴史においての草分けの一つにもなった。ただ、一方で笹原に話を聞くと、この富士山を望む工場での日々はかなり過酷なもので、「パラリンピック後に自立を始めた障害者たち」という国の思い描いた美談仕立てのストーリーに、そう簡単に当てはまるわけではないようだ。

「何しろ冬になると氷点下十五度なんて日もある寒いところでしたからねェ。寮は四棟くらいあったけれど、こんな坂（と言って彼女は手を広げた）があるから雪が降ると外にも出られない。お風呂もシャワーだけで本当に寒かったの」

入所者を送り出した箱根療養所の医師たちも、さすがに不安だったのだろう。医師は週に一度の診察で寮を訪れていたが、彼女は「これは無理よ」と彼らに告げた。劣悪な住環境と慣れない仕事に体は耐え切れず、褥瘡ができて一年後には箱根療養所に再入所となってしまった。

ここから彼女の人生は大きな転機を迎える。再入所した療養所で同じ脊髄損傷の男性としばらくして結婚することになったからである。よって御殿場の工場でのつらかった経験も、彼女の中ではそのために必要だった人生の経験として理解されているところがあるのだろう。

二人の結婚は一九六九年。前年に府中で起きた三億円事件が世を賑わせていた時期で、横で私と笹原が話すのを聞いていた後藤は当時を振り返って言った。

「私が二人のデートの手伝いをしていたら、府中の刑務所の前で車を止められてさ。検問でおしっこの瓶まで調べられたことがあったよな。ははは。チヨちゃんはムサシノに行った頃には、もうずいぶんと性格が明るくなっていたよ。パラリンピックに行ってから、とても変わったんだろうね」

笹原は結婚する一年前、夫と相談して御殿場の近くの小高い丘に土地を求め、車椅子でも生活のできる家を建てた。小田原の大工に依頼して建築したその建物は、日本におけるいわゆる「バリアフリー住宅」の先駆けとなった。

「この家のスロープもトイレやお風呂も、みんな当時から変わっていないんですよ。それからはみんながしょっちゅう見学に来るようになってねェ。私は料理もできなかったけれど、練習して飯場の女将さんみたいになった。仲間がすごく増えたのよ。

パラリンピックに行かなかったら、私はムサシノに行って働こうとは思わなかったでしょうし、まさか結婚しようとも考えなかったと思う。あのわずかな間に『やってみようかな』という気持ちになったのは、やっぱりパラリンピックに行ったから。あのとき、私は自分を試したいと本当に思ったの」

そういう気持ちになったっていうことは、やっぱりチヨちゃん、あなたは変わったということだよ——当時の彼女を知っているからこそ、なおさらそう実感するのだろう、後藤がしみじみとした調子で言った。

労働環境に声をあげる

笹原とともに卓球の練習をした長谷川雅巳もまた、彼女と同じようにムサシノ電子工業に就職した一人である。しかし、車椅子バスケットボールの選手として活躍した井田や、御殿場での経験を控えめに話した笹原とは異なり、彼の場合は今もなお怒りを込めてその労働環境について語った。そこからは、再就職をした彼らの見た世界のもう一つ別の側面が見えてくる。

「今は自動車免許はもう返納しちゃったけれど、僕らを外に出すために療養所は教習所へ通わせてくれたわけだ。パラリンピックが終わると、療養所も厚生省もすっかり変わってね。社会復帰の方に舵《かじ》を切った。彼らにしてみたら、黒船が来たあとみたいなものだったんじゃないかな。山が動くようにじり、じりっといろんなことが変わって、今から振り返ってみるとパラリンピックがあったのとなかったのでは大違いだと思う。あれで二度と療養所からは出るつもりもなく『ひなたぼっこ』していた僕らが、集団就職をしたわけだからね。

でも、その内実はひどいものだった。若い奴も年寄りも半病人の入所者も一緒にして、ぜんぶ御殿場の須走《すばしり》に持って行ったようなものだったんだから。須走ってあの富士山の二合目か三合目だよ。それはもう、大変なところだった」

工場のすぐ近くに建てられた寮を見たとき、長谷川は「ここに住むのか……」としばらく言葉を失った。ブロックを積みあげたような建物が四棟ほど並び、約十人が暮らす部屋は三畳半程度のスペースだった。

そして、何よりもまず体に堪えたのが――笹原の回想と同じように――富士山の麓《ふもと》の冬の寒さだった。

「二月になるとね」と彼は苦笑いを浮かべた。

「車椅子の外の輪がさ、冷た過ぎてペタッと手に引っ付くんだよ。便所掃除をすれば飛沫が凍るんだから、その寒さたるやね。まあ、今ここで話しても、十分の一も伝わらないと思うよ」

炎の出る暖房器具が禁止されていたため、部屋では有料で借りる電気ストーブを一日中点けていた。夜は電気毛布のツマミを「強」にして、それに包《くる》まるようにして眠った。

「ここで何年も働くというけれど、一冬越せれば十分なくらいだ」

と、思ったのは彼だけではなかった。

工場での作業はベルトコンベアで運ばれてくる部品を、旋盤《せんばん》にチッと音を立てて当てればよい。座ってできる作業であるため、健常者との違いは全くなかった。しかし、態度の悪い従業員には解雇をちらつかせる場合もあったという。

「座ってやる仕事なら健常者も障害者も同じだと考えたまでは良かった。でも、五十年前のことだから、追い出されたら行くところのない人もいたからね。もう怖くて怖くて、誰も文句を言えない雰囲気だったんだ」

一方で工場は障害者雇用の先駆的な取り組みを評価され、行政から感謝状が贈られた。皇太子夫妻の視察も行なわれ、その取り組みの社会的評価は高かった。それだけに長谷川は労働環境の劣悪さを問題だと感じるようになり、しばらくして療養所時代からの仲間である年配の従業員と話し合い、労働基準法を読む勉強会を始めた。結果的に、そのことが彼の人生を大きく動かした。

「労働基準法を読んだら、あれもこれも違法で話にならなくてさ。それで僕らは社長に抗議して、労働組合を作ったの。仕事が終わってから八時過ぎに集まってね。工場にいる健常者の従業員も含めて八割の組織率にまでなったんだよ。それは労働争議というよりは僕らの人権闘争だった」

長谷川たちは労働組合を組織した後、静岡県の地方労働委員会に書類を提出してスト権を確立した。解雇された療養所の先輩の後を継いで組合長に就任するが、このとき笹原と同様に褥瘡《じょくそう》ができて箱根療養所に入院しなければならなくなった。

この入院中に会社と療養所側の職員が、彼のもとを訪れてストライキを止めるよう説得に当たった。彼らは労働条件を改善させる交換条件としてストライキの取りやめを求め、長谷川にも退職を迫ったという。もとより彼には職場に戻りたいという気持ちはなく、仲間たちと相談した上で退職。自分の馘《くび》を引き換えにして工場の労働条件を改善させる形をとった。「要するに、僕はあのとき学んだんだ」と長谷川は言う。

「彼らは自分の身が危なくなりゃ慌てるけど、それ以外のときはこっちの言うことなんかこれっぽっちも聞きやしないんだ、って。ほら、僕らこれ（そう言って彼はこぶしを振り上げた）

ムサシノ電子工業時代の長谷川雅巳氏。（提供：長谷川氏）

ができないでしょう？　だから、普段から『障害者が何をぺちゃぺちゃ言ってるんだ』とナメた態度をとっている。だけど、スト権を確立して正式に打つぞ、となれば話は違う。役人たちだって黙っていられなくなるわけだからね」

　このエピソードによって私が強調したいのは、パラリンピック後の長谷川の変化である。脊髄損傷という怪我を負って療養所に来た彼は、一生をその場所で過ごすつもりだった。だが、パラリンピック後の環境の変化で彼は社会に再び復帰し、労働環境の劣悪さに自ら声をあげた。そこにあったのは社会正義のために戦う六〇年代の若者、労働者の姿であり、療養所の庭で「ひなたぼっこをしながら暮らす」と思っていた彼の姿はすでにどこにもなかった。

長谷川は褥瘡が治って箱根療養所を再び出ると、今度は東京の実家へと帰った。労災による怪我ではない彼は、働かなければ食うことができない。そこで最初は新聞・雑誌の校正の仕事をしようかと考えていたが、しばらくして社会保険労務士の国家資格を取得することを思いついた。そして、日夜の勉強の末に三十五歳で資格を取った彼は、その後の四十年間にわたって労務士として働いたのだった。

「だからね」と彼は言った。

「皮肉でも何でもなく、今となっては工場の社長にはお礼を言いたいくらいなんだ。よくぞ俺たちをああいうふうに使ってくれた、採用してくれたって。そして、そのきっかけになったのがパラリンピックだったわけだ。あれがなければ、今も俺が生きていたら、箱根でお日様に当たっていたかもしれないんだから」

長谷川に話を聞いたのは、中央省庁での障害者雇用者数の水増しの問題が発覚し、ニュースになっている時期だった。自身のこれまでの半生を語った後、その報道に触れた彼は

「でも、本当に世の中は変わったのかな?」と私に問いかけた。

「あのニュースを知ったとき、それ見たことか、と俺は思ったんだ。街の段差をなくしたり、エレベーターを設置したりというのは、もちろんありがたいことだ。でもね、僕らが本当に変わって欲しいのはそこじゃない。もっと、こっちなんだ」

彼はそう言って胸の辺りに手を触れた。

「こっちをあらためてくれないと。ここのバリアの方が大きいんだからさ」

青野の晩年

最後に、選手宣誓を務めた青野繁夫のその後についても書いておきたい。

パラリンピックから箱根療養所に戻った青野は、笹原や長谷川と同様に自動車免許を取得した。そして、しばらくして掛川の実家の近くに新しく家を建て、夫婦で静かに暮らした。傷痍軍人である彼には恩給が支給されたため、生活に困ることはなかったようだ。

「あの大会が終わった後、兄が以前よりも元気になったのは確かですねェ」

と、弟の行雄は言う。

彼によれば、長男である繁夫が戦争で脊髄損傷になった後、家族の関係は大きく変わったという。まず、弟の行雄夫婦が繁夫夫婦の養子に入り、農家である家を継いだ。また、当時の青野家には母親の妹が子供と一緒に暮らしていた。これは海軍の軍属だった夫が亡くなったからで、実家には二世帯がすでに同居していた。

そこで家族は繁夫が療養所から戻るタイミングで、実家の近くに夫婦が暮らすための家を新たに建てた。パラリンピック後の繁夫は家族の将来の話題を率先して話すようになっており、行雄は兄の大きな変化に「本当に変わったなあと思ったものです」と振り返る。そんなふうに自分の将来について前向きに語る兄の姿を、それまで見たことがなかったからだ。

語学奉仕団の手塚百合子は、パラリンピックが終わってからも、青野夫妻と家族ぐるみの交流を続けた。ときおり掛川の山間にある青野の自宅に遊びに行くと、彼は車でよくドライブに連れて行ってくれたそうだ。

青野は一九八六年に六十五歳で亡くなった。

晩年の青野はとても幸せそうに見えた、と手塚は語る。妻と一緒に車で買い物に出かけていく様子などを見ていると、二人が穏やかな時間を過ごしているように思えたからだ。

「パラリンピックの後、いろんなことが前向きに変わり始めたんだと思います。最初は私にはとても暗く感じた療養所の雰囲気も、スロープが作られたり車椅子が変わったりして、ずいぶんと変わったように見えました。ボランティアの人たちも出入りするようになりましたしね。その中で、社会に出て行こうという気持ちが、青野さんの中にも芽生えたんじゃないか。私にはそんな気がしてならないのです」

就職する者、選手として活躍した者、車椅子バスケットボールのチームや組織作りに携わった者、障害者のための運動にかかわっていった者。結婚した女性や就職先で組合運動の中心的役割を担った男性……パラリンピックに出場した五十三人の「その後」は、その一部を見ただけでも実に多様であった。

日本の障害者の権利運動や政策、環境の整備の道のりは、一九八一年の国際障害者年を挟んで、九〇年代に入っても多くの課題を残し続けた。だが、その「最初の一歩」がどこにあったかを辿るとき、行き着く先の一つが一九六四年のパラリンピックの風景だ。

それまで施設や家庭の中で過ごすことが自明とされてきた日本において、その大会は彼らが社会に出ていく契機となり、障害者政策にも様々な形で影響を与えた。彼らの「パラリンピック後」の日々――それは、その一つひとつが小さくとも重要な一歩だったと言えるだろう。

第8章 次の「一番」を探して

2018年から「太陽の家」理事長に就任した山下達夫氏。（提供：太陽の家）

親なき後の「太陽の家」

「社会の関心を集めるためのムードづくりは終わりました。これからは慈善にすがるのではなく、身障者が自立できるよう施設を作る必要があります。戦いはこれからです」

パラリンピックの閉会式でこう語った中村裕は、翌年に地元・別府で「太陽の家」を作った。

最初は数人の入所者から始まった「太陽の家」において、中村が掲げたのが「保護から機会へ」「税金を使う立場から納税者の立場へ」といった理念や目標であった。そのため、彼は「太陽の家」を従来の授産施設にせず、共同出資の形で著名な会社との合弁企業を設立するという手法をとった。障害者の働く安定的な職場づくりを目指したからで、中村はいくつもの会社に門前払いを受けながらも、諦めずに共同出資をしてくれる企業を探し続けた。

合弁の相手はその中村の熱意と考えに共鳴した経営者たちだった。一九七二年に立石一真《たていしかずま》が社長を務める立石電機（オムロン）、七八年には井深大《いぶかまさる》のソニー、八一年には本田宗一《そういち》郎《ろう》のホンダなどと契約を結んだ。

「太陽の家」に一九六八年に入所し、その後に別府市議となる吉永栄治は言う。

「中村先生はね、『赤ひげ先生』みたいな〝熱心なお医者さん〟という感じではないの。とにかくスケールが大きい。世界の常識を変えようとして、実際に変えた人だと僕は思っている。社会を変えようとする大きな理想と迫力があってね。あれほどに大きな人は、もう二度と出ないでしょうねェ」

中村は一九八四年に五十七歳という若さで亡くなるが、それらの株式会社「オムロン太陽」「ソニー・太陽」「ホンダ太陽」の工場は、今も亀川やその近郊の地で多くの障害者の職場であり続けている。現在、合弁企業は八社あり、メーカーの部品製造からシステム開発など、多くの障害者が働いている。

ちなみに「太陽の家」の名は中村と親交の深かった作家・水上勉によるもので、彼は「麦は太陽を受けて育つ。なかにはひねていた麦もいたが、中村先生は大きく包んでいた。障害者にとって太陽そのものだった」という中村評を残している。

当時、パラリンピックの直後からこの「太陽の家」で働いた障害者にとって、中村裕とはどのような人だったのか。二〇一八年から中村裕の長男・太郎の後任として、理事長に就任した山下達夫に私は話を聞いた。

後に「三菱商事太陽」の代表を務め、「太陽の家」の理事長に就任することになる山下は、幼い頃にポリオが原因で脊髄性小児麻痺となり、車椅子での人生を歩んできた人物である。「太陽の家」への入所は一九七七年、支援学校を卒業してすぐの十八歳のときだった。

「私が『太陽の家』に来た頃は、障害者が働くという考え方自体が社会の中になく、むしろ隔離しようという考えが普通の時代でした。障害者がスポーツをしたら、見世物にするのか、障害がもっとひどくなるだろうと批判された」

と、彼は言う。

「昔から障害を持つ子供の家庭には、『親なき後』という課題がありますが、私の両親も私が成長していったとき、どう自立させるかに深く悩んできました。『太陽の家』というのは、あの当時において全国からそういう人たちが集まってきた場所だったんですね」

山下は一九五九年に山口県の下関に生まれた。ポリオに罹ったのは一歳二か月のときだ。発熱などの症状で地元の病院をいくつか回った後、九州大学付属病院でようやく診断が確定したという。

「その頃は感染するというイメージが強かったようで、母からは『鉄格子の中に隔離されていた』と聞かされています。診察台に乗せられて、いわばモルモットみたいに学生たちに症状を見せられているのを見て、母は涙を流したそうです」

症状の重かった山下は幼い頃、自力で起き上がることができなかった。だが、熱心なリハビリの末に自宅に戻ることができ、両親は小学校一年生のときに近くの学園に彼を入園させようとした。だが、障害が重度であることを理由に寮生活が必要だった学園には入園を断られてしまう。彼が今でも覚えているのは、そこで出会った「金田先生」という校長のことだ。

「『読み書きをしてみましょう』と言われ、やってみると『普通と変わらないじゃないか』となりましてね。それで私は普通校の特殊学級ではなく、普通学級で勉強ができることになったんです」

以来、山下は母親の背中におぶわれて登校した。学校内での教室の移動では級友が彼を背負った。東京でパラリンピックが開催された一年後の話である。

その後、山口県の支援学校に通った山下が、「太陽の家」の存在を知ったのは卒業の際のことだった。本音では故郷の近くで就職をしたかったが、彼の生まれ育った街は車椅子で暮らせるような環境ではなかった。外出の度に人の視線にさらされるストレスもあり、父親も「親の傍にいては甘えてしまうから」と言っていた。そんなとき、支援学校の教師から紹介されたのが「太陽の家」だった。

入所者を一人の労働者として捉え、自立を支援する中村裕の考えに山下は感銘を受けた。なぜなら、支援学校に通うようになってしばらくして、彼は自らの人生に一つの目標を持つようになっていたからだ。

「私は家族を持ちたかったんです。健常者からすれば当たり前のことかもしれないけれど、とにかく家族がほしいと思った。そして、家族を持つためにはまず経済的に自立すること、そのためには収入が必要でした」

山下がそうして山口県の支援学校から別府に来た一九七七年、「太陽の家」は開所から十二年目を迎えていた。オムロン製品の部品を製造するオムロン太陽の設立は五年前で、ソニー・太陽が設立される前年である。

二年前にはアジア・南太平洋地域の障害者スポーツ大会「フェスピック」の第一回が大分市で開催されている。フェスピックは東京パラリンピック後に中村が開催を目指してきたもので、車椅子の人だけではなく、視覚障害、聴覚障害、切断、脳性麻痺など様々な障害のある人たちを対象とした大会だった。この大会にも当時の皇太子夫妻が出席している。

その頃の「太陽の家」の労働者は六人部屋に入り、日中は工場で仕事をした。山下は設立されたばかりの「特機科ソニー」の従業員となり、リモコンの製品試験やマイクロフォンの部品の資材管理などを担当した。仲間の多くは仕事を終えると施設内の体育館で車椅子バスケットボールや卓球を楽しんでいたが、両手の使えなかった彼はスポーツをすることはあまりなかったという。

最初、別府での生活を始めたとき、十八歳で親元を離れて働く日々に対して「自分は生涯、ここから出られずに生きていくのかな」と心細い気持ちになることもあった、と彼は振り返る。だが、その気持ちは仕事に慣れ、「太陽の家」の仲間に迎え入れられると大きく変化していった。

「一年くらいしてからかな。いい先輩がいましてね。人に見られるのを嫌がって街に出なかった私を、何人かの先輩たちが連れ出してくれたんですよ。だいたい行くのは別府の駅前です。初任給が五百円の時代でしたから、一度でも街に出るとマイナスになってしまうのですが、パチンコに行ったり海に行ったり、先輩方がそこで良いことも悪いこともいろいろ教えてくれました」

街で遊ぶ際に車椅子の彼らが直面するのが、店内の車椅子スペースの有無やトイレの問題だ。だが、別府には国立別府病院や療養所があり、一九七五年には「太陽の家」の職員だった前述の吉永栄治が中村の意を受けて選挙に立候補し、全国初の車椅子の市議として当選もしている。

「街には車椅子で入れる飲み屋も多くて、別府は当時から障害者に優しい町でした。寮の門限は夜十時でしたが、九時半過ぎの点呼が終わった後に町へこっそり繰り出すんですよ。すると、職員の人に盛り場でばったり会ったりしてね」

山下はいかにも楽しそうに笑うと、それが自分の青春時代だったと言うように懐かしそうな表情を浮かべた。

そんな入所当初、「太陽の家」と自身の病院を経営する傍らで、障害者スポーツの普及を機関車の如きエネルギーで進める中村は、山下にとって「雲の上のような存在」だった。よって会話を直接交わすような機会はほとんどなかったものの、中村は頻繁に「太陽の家」を訪れており、労働者である障害者の一人ひとりに話しかけて歩く彼の姿はよく目にした。

中村は車で到着すると、スーツから空色の作業着にすぐさま着替え、工場で働く車椅子の労働者に決まって声をかけていた。必ず膝を屈《かが》めて彼らと同じ視線で話し、肩を叩いていくその姿は、医師というよりも本田宗一郎や井深大のような経営者に見えた。

「納税者になりなさい」

山下が「太陽の家」に来た時期は、一九六〇年代後半から七〇年代にかけて「太陽の家」が作業場からまさに「インダストリー」＝「工場」へと脱皮を遂げ、その社会的役割を強めていた時期だった。

そのために必要だったものの一つには、〈長続きしない同情よりも、サイエンスをフルに利用した〉（『太陽の家10年の歴史』）という中村の方針があった。

〈そのために医師や心理学者のみならず、エレクトロニクスや、機械、建築などのエンジニアと手を組んで、どんな重度な身障者でも自力で生活し作業できるような環境をつくり出すべく努力した〉と中村は語っている。

例えば、脊髄損傷の労働者は褥瘡に気をつけなければならない。中村はそのために〈下半身マヒ者のシリの下に鏡をおき、もっとも力のかかる座骨部の貧血状態を観察〉した。そうやって臀部《でんぶ》の温度を測定してみると、姿勢を動かせない作業者では二時間ほどで臀部が青白くなり、その際の皮膚の温度が五度ほど低下していた。

そこで、中村は褥瘡予防をあらためて徹底し、二時間に一度は〈両手をつっぱってシリを持ち上げることを命じた〉という。以後、脊髄麻痺者の褥瘡による欠勤はほぼなくなり、欠勤率は二、三パーセントと日本の生産工場における平均欠勤率の半分以下にまで抑えられた。

さらに中村は施設内に「身障者機能開発センター」という部署を作り、工作機械や障害者の支援用具の開発を常に続けた。「太陽の家」に導入される工作機械は全て、最初は健常者用のものだった。様々な障害のある従業員がそれを使えるよう機械を改造していったのである。

〈力の弱い筋ジストロフィーのためには電車のブレーキのような、ちょっとした手の操作で動く圧搾空気を力源として改造した。（中略）下半身マヒ者には足のペダルは手動スイッチにかえられ、手足の動かない四肢マヒ者には、口で吸ったり吐いたりする力を利用して七つの動作をする旋盤が考えられた〉

寮生活においても入浴やトイレ、食事などを支援する小道具や部屋の改造を続け、重度の障害がある入所者でも補助者の必要がない環境を作り出していったのだ。

そんななか、中村はシャープ電気の櫓炬燵《やぐらごたつ》、スチール製メジャーの組み立て工場の導入に成功し、身体障害者による全国初の三交代制二十四時間勤務を実現させている。生産量はメジャーが日産七千個、櫓炬燵は千台の大台に乗り、一九六九年の十二月末には二か月分のボーナスも支払われた。

こうした実績がさらなる企業誘致の追い風となり、しばらくして支援者だった評論家・秋山ちえ子の紹介で、立石電機の社長・立石一真と意気投合して協力を得る。念願だった企業、「太陽の家」、障害者の三者による共同出資会社であるオムロン太陽の設立にこぎつけたのである。

「太陽の家」での中村のやり方は、障害者が社会復帰できる社会という大きな目標を遠くに見ながら、そのためのチャレンジを多少のリスクを負ってでも果敢に行なっていくというものだった。製造機械にしても生活の支援器具にしても、まずは導入し、トライ&エラーを繰り返しながら改良を進める――そうやって現場の体制や仕組みを整えていく手法は企業経営者のそれであり、立石や本田、井深といった人物と中村が共鳴していった理由でもあったに違いない。

三十代の頃にイギリスやオランダなどを回って「リハビリテーション」の考え方を学んだ中村は、車椅子の入所者たちの前で障害者の社会復帰が進むヨーロッパの国々の事例を話し、「太陽の家」さらには日本でも障害者の自立支援を推し進めなければならない、といつも熱っぽく語っていた。

「そのためには、君たちが世の中を変えねばならん。先頭を行くのは僕だけれど、変えるのは君たちなんだぞ」

入所当初、例えば吉永栄治はこうした中村の言葉を聞いても、実感が湧かなかったと振り返る。ヨーロッパにおいて障害者の社会復帰がいくら進んでいると言っても、そのどれもが自分の置かれている現実とはあまりに遠い世界に感じられた。日本社会では車椅子に乗る人間は「病人」とされていたし、そもそも自分自身が「自分は病人である」という思いから抜け出せていなかったからだ。

「ヨーロッパっちゃ、そういう進んだ国もあるんだな、ってね。オムロンとかソニーとかホンダ、三菱商事が来るとは思えんでしょう。何しろ社会の側は僕らを車椅子の病人と言っていたんだから。ところが、中村先生はその一つひとつを実現していってしまうんです。だから、おお、この人と一緒になんかやったらいろんなことができるかも分からない、と僕らも思うようになっていきましたよね」

と吉永は言った。

山下が今でも忘れられないのは、入所から五年が過ぎた一九八三年十一月のことだ。

この年、「太陽の家」はオムロン、ソニー、ホンダと共同出資して作った工場に加えて、三菱商事との新会社を設立した。自立したいという気持ちを強く持ちながらも、手足の障害によって製造業の現場では思うように作業ができない人々の働く場をいかに作るか――それまでの三社が製造業であったのに対し、システム開発などのデスクワークを主たる業務とする三菱商事太陽の設立は、中村にとって「太陽の家」の発展のための重要な目標の一つだった。

山下は同社の最初の従業員である十人のうちの一人に選ばれ、調印式に参加した。

「私は両手を使えないので、製造一本では社会で自立するのは厳しいかな、とその頃に思い始めたところだったんです」

だから、三菱商事太陽の設立を聞いたときは、再び自立への道が目の前に開かれたという気持ちになった。

「中村先生は私たちの前で、こう言っていました。『手足にハンディはあっても、頭脳労働であればハンディは全くない職種もある。この会社には重度の障害者にも参画してもらいたい』。要するに、先生が口癖のように仰っていた『納税者になりなさい』ということです」

その最初の一歩となる十人の従業員の前で、調印式を終えた中村は次のように語ったという。

「この会社をいつか五十人規模にしたい。そのためには君たちが頑張らなければ、あとに続かないんだ。しっかりやってくれたまえ」

中村は三十代のとき、患者の血液の付着した手術器具が手に突き刺さる事故で、C型肝炎に罹患していた。その病状がすでにかなり進んでいた時期で、見るからに体調が悪そうだった。それでも調印式が終わった後、山下が「太陽の家」の正面玄関の前で車を見送ると、彼は窓を開けて手を差し伸べた。そのときの握手の手のぬくもりを、山下は昨日のことのように覚えている。

「例えば家庭にハンディのある方がいればね、自分の息子や家族のために何かをしようとすると思うのですが、先生は家族にはハンディのある人はいなかったわけです。その先生がスポーツとリハビリを結び付けて、このことに情熱を注いだ。なぜ身内にハンディを持つ人もいないのに、ここまで情熱が続いたのかとすごく思いますね。それはやはり中村先生が『障害者だからこうしてあげたい』ではなく、壁のない社会、障害者と健常者が普通に生活できる社会の実現を本気になって目指していた人だったからだと思います。だから、雇用の機会とチャンスがあれば、それをいかに活かすかは自分たちだと私も心から思えたのでしょう。我々は感動される人から感謝される人になろう、と言っているんです。障害を持つ我々は仕事をすると感動されるんです。でも、我々は普通に生きているのだから、小さな仕事でも、例えば名刺作り一つでも社会から感謝される存在になろう、と」

三菱商事太陽のシステムエンジニアとして働き始めた山下は、二十三歳のときに「太陽の家」の職員と結婚した。後に二人の子供にも恵まれ、長女には中村の名前から一字をとって「裕子」と付けたという。「太陽の家」に来る際に胸に抱いていた「家族を持つ」という目標を、中村のもとで確かに実現したのだった。

二〇一四年に同社の社長に就任した山下は、働く障害者の数を百人規模に増やした。同時に在宅就労制度も作り、自宅での作業ができるようにした。経営者として迷ったときは、「いつも中村先生だったらどうするか」と考えてきたと彼は語る。

「先生は『一』という数字が好きでした」

と、山下はインタビューの最後に言った。

「何か」を誰よりも最初にやろうとするとき、中村のエネルギーには誰もが圧倒される迫力があった。そして、その「何か」が実現されると、すでに彼は次の「一番」を考えていた。

だから――と山下は言うのである。

「ご自身が呼んだパラリンピックに代表される日本の障害者スポーツの世界も、今も先生が生きていたらどんな形になっていただろうか、と。例えば、健常者と障害者が一緒にできるような新しい形を試みていたんじゃないか。そんな気がするんです」

患者の社会復帰こそ生きがい

中村裕が亡くなったのは一九八四年七月二十三日のことだった。「太陽の家」の名付け親で彼の盟友でもあった水上勉は、その五十七年の生涯について「人の三倍を生きた人だった」と評した。中村は「太陽の家」に限らず、自宅でも障害のある子供をよく預かっていたが、なかでも家族のようにともに暮らした時期もあったのが、その水上の次女の直子だった。下半身麻痺だった直子は、中村の長男の太郎とはとりわけ兄妹のように仲が良かったという。そのように妻の廣子やその子供たちは、障害がある人々と生活の中で日常的に接しながら暮らしてきた。

東京でのパラリンピックを終えた数年後、膝蓋骨《しつがいこつ》骨折の手術中に使用していたワイヤーが手に刺さり、中村がC型肝炎を発症していたことはすでに述べた。他人に対して弱味を決して見せなかった中村だが、診察を受けた九州大学病院を退院してからは、妻の廣子に「あれさえなかったらなァ……」と呟くように言うことも多かったという。

だが、体調が悪く病院に入院した際も、彼は点滴を受けてビタミン剤が処方されると、安静にしているだけの状態に業を煮やしてすぐに退院した。その後は血液の数値の結果に一喜一憂するだけで、病気についてはほとんど何も語らなかった。「あのときの夫はいつ死んでもいいように、一生懸命に生きようと思っていたはずです」と廣子は話す。

「それから二十年間は『太陽の家』の仕事ができたのですから、生かさせていただいたと言えるのかもしれませんね。あの頃の日本では脊髄損傷と言えば、病院から出た後は家のお座敷の奥の方に隠されていたような人が多かった。その様子を見た夫は、いくら手術の技術を磨いても、社会が変わらなければ意味がないことに気づいたのでしょう。それでまずは税金を納められる存在になろう、と障害者と社会の両方に訴えかけたんですね。それを夫は自分の使命だと思っていましたし、水上先生の仰ったように、凝縮された人生だったという感じがします」

中村が亡くなったとき、次男の英次郎は医学部に通う四年生だった。英次郎は父親の臨終の際にちょうど病室に残っており、容体の急変に立ち会った。医師たちは最後の気管挿管と心臓マッサージを英次郎にするように言った。それは彼にとって初めて経験する処置だった。

その際のことを振り返るとき、英次郎はしみじみと言った。

「亡くなる前の日には、腹水が溜まっていて……。自分のそういう姿を父は医師になる私に見せたかったのかもしれない、と今では思うんです」

大分中村病院の理事長で「太陽の家」の前理事長でもある長男の中村太郎も、父親との思い出を私が聞くと、「なかなか意見は合わなかったけれど、尊敬する人だった」と話す。

整形外科の道に進んだ彼の胸には、「太陽の家」や障害者スポーツにかかわる父親の姿を見続けたことで、「医者というのは患者の社会復帰を手助けする仕事だ」という意識が深く刻まれているという。

「実際に病院で働くようになり、他の医師と接していて気づいたことがあるんです」

と、太郎は言った。

「医者というのは、病気を治すことにモチベーションを持つ人は多い。でも、父のように患者の社会復帰を仕事にして、そこに生きがいを見出す人は実に少ないものなんだな、と。とくに当時においては、なお珍しかったはずです」

父親が亡くなったとき、太郎も英次郎と同じく医学部の学生だった。卒業後に整形外科を専門にした彼は、自分でも理由はなぜだか分からなかったが、大分で行なわれた日本で最初の車椅子マラソン大会に携わるなど、引き付けられるように障害者スポーツの世界ともかかわりを持つようになっていった。大学院時代にはストーク・マンデビル競技大会にもチームドクターとして参加した。

そのなかで彼が実感したのは、障害者スポーツの世界に関心のある医療者の少なさだった。よって若い整形外科医だった彼はどこに行っても重宝され、次第に「パラスポーツ」となっていくその世界の変化も間近で見ることになった。

例えば、二〇〇〇年にシドニーで開かれたパラリンピックに、彼はチームドクターとして参加した。すると、成田空港に集まった選手たちは、まだ当時の彼は持っていなかった携帯電話を駆使して、あらゆることを自分で行なっていた。

一九九〇年代、彼のかかわった障害者スポーツの現場において、自分と選手の間には「医者と患者」という主従関係がまだ残っていた。だが、二〇〇〇年のパラリンピックの現場での彼らは紛れもなくアスリートであり、それは「リハビリ」よりも「スポーツ」の面が際立つ世界になっていた。

「パラプレジア」の「パラ」だったパラリンピックも、一九八五年からはＩＯＣによってパラレルを意味する「パラ」とされ、名称が再定義されている。それから十五年という歳月が経ち、医療者が障害者スポーツに携わる領域はより少なくなっていた。中村裕のように医師がその世界のリーダーシップを取ることは全くなくなっていた。

「父は『欧米に追い付け、健常者に追い付け』とパラリンピックを誘致し、『太陽の家』を作った。しかし、父はその『太陽の家』がいつかはなくなればいい、と言っていました。ある意味で、その目標はすでにクリアされたのではないか、と私は思っています。もちろん、社会が障害者に対してどう思っているのか、という本音のところは分からない。でも、少なくとも建前の部分では、障害者に対する理解は深まったのだとは思うのです」

シドニーに向かう空港での光景を見たとき、彼はついにそのことをはっきりと理解した。

かつて父親が「リハビリテーション」の一環として位置づけ、スポーツを通しての社会参加を目的としたパラリンピックの時代。それはこの日本においてもすでに終わったのだ、と。

「一九六四年当時は高度経済成長期で、様々なことが変わった時代でした。パラリンピックもその一つで、後に身障者国体が始まったり、脊髄損傷学会や日本リハビリ学会ができたりという良い方向に進んだ。何より国民が障害者スポーツや障害者福祉の問題を知るきっかけになったわけです。ただ、そうした歴史を知るとこうも思うんです。今度の東京でのパラリンピックには、どんな意味があるのか。そこにどんな新しい提案があり、どんな変化があるのか、と。私には大会を開催すること自体が目的になっているように見えるときがあります。例えばいま父がいたら、もっと貧しい国の人が参加できる大会や、パラリンピックの新しいあり方について議論をしていたはずですから」

バリアフリー建築の原点

美智子妃が橋本祐子とともに作り上げた「語学奉仕団」のメンバーにとっても、一九六四年のパラリンピックは様々な形でその後の人生に影響を与えた経験であり原点となった。

例えば、クラブハウスにバンドを呼ぶという機転を利かせ、外国人選手たちをもてなした郷農彬子は、文科省に就職してユネスコの担当をした。その後は夫の仕事の関係でドイツやアメリカなどに長く暮らしたが、その間も女性が自立をして仕事をするための方法を模索してきた。日本に帰国後、三十六歳のときに彼女は自ら翻訳会社を設立するのだが、その原動力の一つになったのがパラリンピックでの経験と、「橋本チルドレン」としての矜持《きょうじ》であった。

そして、語学奉仕団の中で最も「パラリンピック」によって人生が大きく変わったのが、吉田紗栄子と丸山一郎という二人の通訳ボランティアだ。

高校時代に父親の仕事の関係によりイタリアで過ごした吉田は、帰国後に日本女子大学家政学部住居学科に進学。語学奉仕団に参加してイタリア代表チームの通訳を担当した。以来、彼女は身体障害者や高齢者のための設計に興味を抱き、卒業後は日本大学建築学科の研究生としてバリアフリー住宅の設計を学んだ。そうして障害者や高齢者のための住宅を専門に設計するようになった彼女は、バリアフリー建築の先駆者の一人となった。

「私がこの五十年間以上、バリアフリーの設計に携わってきた原点には、パラリンピックのときに見た様々な光景があるんです」

と、彼女は言う。

彼女が今でも胸に刻み付けているのは、パラリンピックの前日に自衛隊員が選手村に集まり、スロープを設置したり、狭いドアを取り外してカーテンを取り付けたりしていた様子だ。そのときの光景が、彼女に障害がある人々と「建築」との関係性を初めて意識させた瞬間だったからである。

また、担当したイタリア代表チームは、参加国のなかでもとりわけ明るい性格をした面々だった。大会期間中に彼らと生活をともにした経験は、その場にいた多くの日本人がそうであったように、「障害者」に対するイメージを大きく変えるものだった。それぞれに仕事と家庭を持ち、一人のスポーツ選手として、社会人として堂々と振る舞う姿に衝撃を受けたからである。

「競技の終わった後、彼らの要望を聞いて浅草などを案内しながら、車椅子で町を移動するときの問題点も学びました。でも、大事なのは彼らの一人ひとりと個人の付き合いができたこと。バリアフリーの住宅を設計するにあたって、お風呂やトイレをどう作るかといった話は技術的な話に過ぎません。大事なのは、そこで暮らす人にとって『家』とはどうあるべきか、その人にとっての将来の夢や希望を叶えるためには、どんな空間が必要なのかを考えることだからです。彼らと出会ったことで私は、障害者の一人ひとりと個人として出会い、付き合っていくことの意味を胸に刻み付けました。障害のある人との付き合いがパラリンピックによって、そのように始まったことは私にとって大変幸せだったと思っています」

パラリンピック後、大学で日本ではまだほとんど専門家のいなかったバリアフリー設計について研究するなかで、彼女は箱根療養所に暮らす青野繁夫たちのもとにも足しげく通った。日本の車椅子の生活者がどのような家に住んでいるのか、そこにどのような課題があるのかを聞き取

パラリンピック開催時、手探りで障害者を介助した。

り、「車椅子使用者のための住宅」というタイトルで卒業論文を書いた。一九六五年には中村裕や葛西嘉資とともに、通訳としてストーク・マンデビル競技大会にも同行した。

そして、現在に至るまでバリアフリー建築の分野で働き続けてきた彼女は、次のように言うのである。「失ったものを数えるのではなく、残されたものを数えよ。そのグットマンの言葉は、私の座右の銘であり続けています」と。

闘うのではなく、説得をする

吉田紗栄子と同様に、パラリンピックによって全くの専門外だった障害者福祉の世界に飛び込んだのが、慶應義塾大学工学部の学生だった丸山一郎だ。

大会から二年後の一九六六年に大学を卒業した丸山は、工学部でそれまで培《つちか》ったエンジニアリングの知識を、障害のある人たちのためにこそ生かそうと決意した。

卒業の年に彼は大会で出会った中村裕のもとを訪れ、開所されたばかりの「太陽の家」で初の正規職員となる。その後、サンフランシスコ大学に留学して福祉政策について学び、中村と同様にヨーロッパの様々な現場を視察した上で、一九七〇年には東京都心身障害者福祉センターに勤務した。二年後には、都が設立した国内初の身体障害者福祉工場「東京都葛飾福祉工場」に開設から携わり、その初代所長を務めている。九州の中村に対して、東京で「障害者を納税者に」という理念を掲げて活動したのが丸山であった。

その後も一九八〇年にはそれまでの功績から厚生省に招聘《しょうへい》され、社会局の身体障害者福祉専門官となると、国連が「国際障害者年」と指定した翌年の一九八一年に向けて内閣官房の一員も兼任し、行政に民間の意見を与え続けた。

一九九九年から、設立準備からかかわった埼玉県立大学の保健医療福祉学部で教鞭を執ったが、その後、末期の膵臓《すいぞう》がんが発覚した。死を目前にしていた二〇〇八年二月に彼は最終講義を行なっている。病院から家族に支えられて大学に着くと、教え子や高校時代の同級生らも見守るなか、一九六四年に体験したパラリンピックに始まる自身の歩みを語った。

丸山が最後まで気にしていたのは、障害者の雇用を一定の割合で義務付ける法定雇用率が、日本の企業で下回り続けていることに対して、国際労働機関（ＩＬＯ）に是正勧告を出すことを求める活動だった。病床からＩＬＯへの提訴を牽引した丸山は、勧告が行なわれるかどうかの決定を約十か月の闘病の中で待ち続けたという。

「父はいつも人を楽しませて、その輪の中にいるような人でした」

現在、サンケイスポーツの記者をしている息子の丸山汎《ひろむ》は言う。

「今でも忘れられないのは、父が亡くなる一か月くらい前、そのＩＬＯでの活動について『国と闘うんじゃないの？』と聞いたときのことです。父は『そうじゃない。説得をするんだ』と繰り返し言っていました。闘うのではなく、説得すれば分かってもらえるはずだ、と。障害者をめぐる様々な政策も、外圧という形ではなく、本来は日本人が自分たちの中から議論をして、作り上げていくものであってほしい、と。父は最期までそのことを信じた人でした」

最終講義の翌月に六十五歳で亡くなるまで、そのように丸山は一貫して障害者政策の最前線で活動を続けたのだった。

そして、その丸山の原点となった「語学奉仕団」の設立に陰ながら尽力し、その後の彼らの活動を支えた人として欠かせないのが美智子上皇后である。

「皇后」から離れて

中村太郎が理事長を務めていた「太陽の家」を、天皇・皇后両陛下が訪問したのは二〇一五年十月四日のことだった。その日は「太陽の家」の開所五十周年の式典が開かれる日で、二人は午前中の専用機で大分県に到着すると、その催しに出席するために亀川へ向かった。

パラリンピックの開催を機に中村裕と面識を得た二人は、以来、彼と「太陽の家」の支援者であり続けてきた。その日も式典に出席するため、大分を訪問したのである。

体育館での式典に参加した二人は、「太陽の家」のトレーニングルームも訪れ、翌年のパラリンピック・リオ大会出場を目指す選手たちの練習を視察した。「太陽の家」所属の卓球選手・宿野部《しゅくのべ》拓海《たくみ》とパワーリフティングの城隆志《じょうたかし》と面会し、宿野部とは天皇が「ちょっとやりましょうか」とラリーをした。速いテンポのラリーを見守りながら、美智子皇后は拍手を送ったという。

理事長として両陛下を迎えた中村太郎の話によれば、もともと二人の参加の予定はなく、招待状の送付は式典のわずか三か月前だったという。だが、話を聞いた皇后が自ら参加を望んだため、「太陽の家」への訪問が急遽《きゅうきょ》決まったそうだ。

一九九六年から二〇〇七年まで侍従長を務めた渡邉允によれば、三か月前の招待状送付によって両陛下の出席が決まるのは、宮内庁にとって極めて異例なことであるという。二〇一八年、八十一歳になる渡邉に会った際、中村太郎に聞いた「太陽の家」でのこのエピソードについて、彼は少し驚いたように言った。

「両陛下が大分に行かれるとなると、相当に大勢の人間が動くわけです。あらゆる手配が必要ですし、そもそも三か月前と言えば日程もぎりぎりのところで、空きがどこかに少しあるかな、という時期です。『太陽の家』へのご訪問は、お二人のご意向が強くなければ実現しないものだったはずです」

しかし、渡邉はこう語ると、しばらく沈黙した後、何かを納得したような表情を浮かべた。そして、彼は次のように語った。

「平成の時代には多くの災害が起こりました。そのなかで、両陛下は災害地のお見舞いや戦没者の慰霊、また、ハンセン病の方々へのお気遣いを続けてこられました。そんなお二人が特に目を向けてこられたのが、障害者スポーツの世界だったわけです。その時代時代の要請に応えていく皇室の役割を果たそうとするとき、お二人にとって若い頃に出会ったパラリンピックは、その意味で一つの原点であったのでしょう」

この渡邉の言葉から想像されるのは、とりわけ美智子上皇后にとって、「パラリンピック」に始まる障害者スポーツの関係者との交流が、民間人として初めて皇室に入った中での心の大きな支えになってきたことだ。

私が上皇后と当時のパラリンピックとの関係の深さを実感したのは、この本の取材を始めてすぐの頃、ある新聞記事を読んだときだった。二〇一三年八月三十一日の『東京新聞』に〈東京パラリンピックの遺産〉と題されたシリーズの第五回が掲載されていた。記事は冒頭で同年に浜松町のレストランで開かれた「語学奉仕団」の結成五十周年の集いについて伝え、その中で喜谷《きだに》昌代というメンバーの一人の逸話を紹介していた。

喜谷はもともと日本航空の第一期の客室乗務員で、二十八歳のときに同社を辞めたタイミングで語学奉仕団に入った。彼女の父親は衆議院議員だったが、太平洋戦争末期に乗っていた民間機が撃墜されて亡くなり、自宅も空襲で焼けて生活が一変したという。そして、そんな彼女に対して〈あなたみたいな境遇の人は、他人の苦しみが分かるかもしれない。赤十字に入ってみたらどう?〉と電話をしたのが、聖心女子学院中等科・高等科で二年先輩だった美智子妃だったというのである。

前述のように、美智子妃はローマでの国際ストーク・マンデビル競技大会を観戦した渡辺華子を通じて、東京でのパラリンピック開催の実現をサポートし始めた。「語学奉仕団」を率いたのは橋本祐子であったが、その活動を背後で力強く支えたのが美智子妃の存在だった。記事が示唆するのは、そのための通訳ボランティアを集める作業にも、皇太子妃だった彼女が積極的にかかわっていたということだった。

なぜ、上皇后はそこまでパラリンピックに思いを寄せたのか。その心のうちは想像するしかないが、彼女がパラリンピックに出会ったのがどのような時期であったかを、事実として記しておくことはできる。

彼女と当時の皇太子との婚約が発表されたのは一九五八年。「テニスコートの出会い」と報じられた二人の結婚は、「ミッチー・ブーム」という社会現象を巻き起こした。翌年四月のご成婚のパレードには沿道に五十三万人の観衆が詰めかけ、その生中継はテレビの普及や週刊誌といったマスメディアの歴史の転換点となった。そして、翌年の一九六〇年には現在の天皇である第一子・浩宮徳仁親王が誕生した。

だが、そんななかで一九六三年頃には週刊誌報道の激化なども相まって、美智子妃の心身のストレスは相当なものだったと言われる。同年三月には第二子を流産するという出来事もあり、三か月間にわたって葉山御用邸で静養している。美智子妃が一九六四年のパラリンピックの開催に影響力を発揮し、青少年赤十字の「語学奉仕団」の結成にかかわっていったのは、まさに静養を終えて徐々に公務へ復帰した時期のことであった。

パラリンピックの後、語学奉仕団のメンバーの中には障害者スポーツや国の障害者政策をめぐって、美智子妃の良き相談相手になり続けた者もいた。東京新聞の記事にあるような語学奉仕団の集いにも、折に触れて出席してきたという。そこは史上初めて民間から皇族に入った美智子妃にとって、後に「皇后」という立場を離れて素顔を見せられる「仲間」のいた、数限られた場所の一つだったのではないか。私はそのように思うのである。

そして、美智子上皇后の東京パラリンピックをきっかけとした障害者スポーツへの思いは、それに対する上皇の思い入れの強さにもつながっていったに違いない。

選手たちと積極的に交流した美智子妃。（提供：浜本恵子氏）

お言葉の端々に

一九九六年からの約十年間、侍従長を務めた渡邉が、両陛下と障害者スポーツへの関心の強さを具体的に意識し始めたのは一九九八（平成十）年の頃だ。即位十年目を記念して執り行なわれた様々な式典の中で、江戸川区の競技場での障害者スポーツの大会に二人が出席した際の様子が、とりわけ胸に残るものだったからだ。

その日、二人は競技場をいつものようにゆっくりと歩きながら、走り高跳びや砲丸投げなどの競技を一つひとつ、熱心に観戦していた。渡邉にとって印象的だったのは、その度に選手やその家族、関係者と親しく話す様子に、普段とは異なる極めてリラックスした雰囲気があったことだった。

「身体障害者のスポーツ大会というのは、オリンピックや国体といった全国的・国際的な大会とは異なり、スタジアムの片隅で選手と家族、サポーターが集まってやっている家族的な雰囲気がありますよね」

と、渡邉は当時を回想しながら言った。

「いわば志を同じくする人たちの集まり、というのかな。非常に人間的なつながりが、そこにいる人々の間にあることが感じられるんですね。僕はそのとき、両陛下もまたその『つながり』の一部としてそこにいるんだ、と実感したんです。お二人が昔から知っている人たちが多くいますし、選手の人たちも両陛下にとても良い意味での気安さがある。お二人は大会の来賓というよりも、彼らの仲間の一人に見えました」

渡邉がその光景の「意味」をはっきりと理解したのは、即位十周年という機会に過去の式典などでの天皇皇后両陛下の「お言葉」を集め、『道』と題する一冊の書籍として出版する取り組みを宮内庁で行なったときだった。その一つひとつを丁寧に読んでいくと、彼は「そこから自然に湧き出てくるものがある」と感じた。陛下は障害者スポーツにかかわる公務は皇太子に譲っていたが、その世界に非常に強い関心を持ち続けてきたことが、お言葉の端々から伝わってきたからだった。

渡邉は自著『天皇家の執事』で、このときの調査も踏まえて両陛下と障害者スポーツとのかかわりを詳しく書いている。

上皇はパラリンピック閉会後に関係者を東宮御所に招いた際、その席上で〈このような大会を国内でも毎年行なってもらいたいと思いますし、皆さまもこれから身体障害者の福祉向上のためさらにいっそう努力されることを希望します〉と話した。運営委員会の葛西嘉資はこの言葉に対して、〈国内大会は今後毎年国体のあとを追いかけて開催するようにいたしたいと思っております〉と答えた。

渡邉は全国身体障害者スポーツ大会が開催されるようになったその経緯を説明した後、〈その後、毎年の大会の開会式で陛下が述べられたお言葉をたどってみると、陛下がいかに深くこの大会にかかわってこられたかが手に取るように分かります〉と続け、第十回と第十五回における次のような「お言葉」を紹介している。

〈顧みますと、この十年、今もって私の脳裏を去らないのは岐阜県で開かれた第一回大会の光景であります。秋空の下、大勢の観衆の前を力強く入場する選手の姿がまことに印象的でありました。それから十年、バスケットボール、盲人野球が加わり、今日のこの大会には両種目ともおよそ七十五チームから選ばれたチームが出場して、この大会も大きく変わってきました〉(第十回大会)

〈身体障害者のスポーツも、この十五年間に大きな変化を見せました。この大会も発足当時は選手のほとんどが施設からの参加者であり、また団体競技種目もなかったのでありますが、今日は社会人の参加が多くなり、また団体競技種目も加わって、著しく発展してきました〉(第十五回大会)

また、渡邉が続けて指摘するのは、その翌年に行なわれた国民体育大会での言葉だ。その際、天皇は国体に団体種目として初めてアーチェリーが加えられたことに触れ、そこに予選を勝ち抜いた障害者の選手が出場したことを〈心からうれしく思いました〉と話している。アーチェリーではその後も障害がある選手の国体への出場が続いた。

ここで触れられている「アーチェリー」という言葉は、多くの人が何となく素通りしてしまうものだろう。だが、パラリンピックから始まる両陛下と障害者スポーツの関係を意識すると、そこにお二人の思いが明確に込められていることに気づくのだ、と渡邉は言った。

「後にロンドンでパラリンピックが開かれた際、お二人はとても詳しく障害者スポーツの課題をお話しされていました。例えば練習場探しに苦労すること、特に車椅子バスケットボールなどは『車椅子で床に傷がつく』と言われること……。選手たちの名前だけではなく、成績についても把握しておられました。

そうしたお話を聞いていれば、なぜあのとき陛下がわざわざ『アーチェリーが国体に加わったこと』に触れたのかも分かる。当時の国体には和弓がありましたが、アーチェリーはなかった。だけど、パラリンピックの方には車椅子のアーチェリーがあった。そこで団体の種目にアーチェリーが入れば全国に練習場ができて、車椅子の人も一緒に練習できる。調べてみると、実は国体の種目にアーチェリーが入った背景には、お二人が相談して様々な関係者にお話をされていたことがあったというのです」

ちなみに、このとき両陛下が「ロンドン・パラリンピック」について熱心に語っていたのも、「パラリンピック」の歴史をその原点からよく知っていたからだろう。

二〇一二年に開かれたロンドンでのパラリンピックは、義足などの装具を付けた選手たちをマスメディアが「スーパーヒューマン」と名づけるなど、名実ともにパラリンピックが「アスリート」の大会であることを世界に印象づけるものだった。興行的にもチケットが完売し、大勢の観客がスタジアムや各競技に詰めかけた同大会の価値は、四年後のリオ大会へとパラスポーツの世界観を示すものとして、一つの転換点だったと評価される。

パラリンピックの発祥国での大会のそのような成功は、一九七六年にストーク・マンデビル病院を訪れた経験を持ち、国際大会としてのパラリンピックの黎明《れいめい》期に深く携わった二人にとって、様々な感慨を喚起させる出来事であったはずである。

渡邉はこうした両陛下の取り組みについて、「お二人の物事のやり方の本質は、積み重ねることだと思うのです」と指摘する。

「何かのきっかけで一つの取り組みを始めたら、それをずっと積み重ねていかれる。その代表的な一つのかかわりが、お二人にとって障害者スポーツであったのです」

「太陽の家」の五十周年式典があった翌年、二〇一六年八月八日に当時天皇だった上皇は退位の希望を示唆する「お言葉」を公表した。

〈戦後七十年という大きな節目を過ぎ、二年後には、平成三十年を迎えます。

私も八十を越え、体力の面などから様々な制約を覚えることもあり、ここ数年、天皇としての自らの歩みを振り返るとともに、この先の自分の在り方や務めにつき、思いを致すようになりました〉

「お言葉」をこう始めた陛下は、〈私が皇后と共に行って来たほぼ全国に及ぶ旅〉について次のように続けている。

〈私が天皇の位についてから、ほぼ二十八年、この間、私は我が国における多くの喜びの時、また悲しみの時を、人々と共に過ごして来ました。私はこれまで天皇の務めとして、何よりもまず国民の安寧《あんねい》と幸せを祈ることを大切に考えて来ましたが、同時に事にあたっては、時として人々の傍らに立ち、その声に耳を傾け、思いに寄り添うことも大切なことと考えて来ました〉

また、在位最後の誕生日（二〇一八年十二月二十三日）の「お言葉」でも、自身の「旅」を振り返りながら、沖縄への訪問、サイパン島やペリリュー島への慰霊の旅、そして、雲《うん》仙《ぜん》・普賢岳《ふげんだけ》の噴火や奥尻島《おくしり》の津波、阪神・淡路大震災、東日本大震災の被災地への思いに触れた後、〈障害者を始め困難を抱えている人に心を寄せていくことも、私どもの大切な務めと思い、過ごしてきました〉と障害者スポーツについても具体的に言及した。

〈障害者のスポーツは、ヨーロッパでリハビリテーションのために始まったものでしたが、それを越えて、障害者自身がスポーツを楽しみ、さらに、それを見る人も楽しむスポーツとなることを私どもは願ってきました。

パラリンピックを始め、国内で毎年行われる全国障害者スポーツ大会を、皆が楽しんでいることを感慨深く思います〉

渡邉は「お言葉」のこうした箇所を聞くとき、「パラリンピック」が両陛下の長い「旅」にとって一つの原点になったことをあらためて実感する、と言う。天皇の務めとは、国民の幸せを祈り、人々の傍らに立ってその声に耳を傾け、そして寄り添うこと――。

「お二人の障害者スポーツへの取り組みも、まさにそういうことだったんですね。そして、上皇后陛下にとってはもちろん、上皇陛下にとっても皇太子としてのご自身の仕事のあり方を模索していた最初の時期に出会ったパラリンピックは、沖縄と同様に大きなものだった。自分たちが何をすべきか、という大きなフォーカスとして見えた、ということだったのではないかと思うのです」

一九六四年の東京パラリンピックは当時、国民的祭典だったオリンピックの後に、ひっそりと開催された大会だった。しかし、それにかかわった人々の強い思いは、大会後も様々な影響をこの社会に与えた。五十三人の日本人選手、中村裕などの医療者や障害者福祉に携わる者たち、語学奉仕団や皇室……。彼らの行動や思いは「遺産」としてではなく、生きた種子としてその後の日本社会に播《ま》かれ、現在に至るまで次々と芽吹き続けてきた。彼らを主人公とする物語をここまで描いてきた私は、常にある一つの問いを受け取ってきたような気がしている。

私たちは変わった。では、この社会はどのように変わるのか――。

そして、その問いは今なお「この社会はどのように変わったのか」という問いとなって、五十六年後の日本を強く照らし続けているのではないか。一九六四年のパラリンピックをめぐる旅を終えようとしているいま、私の胸に強く生じたのはそのような思いだった。

終章　源流

その男の名を浜本勝行という。近藤秀夫や井田辰一の回想にも名前が出た、日本における車椅子バスケットボールの源流となった人である。

浜本は一九四〇年、長崎県に生まれた。戦時中は原爆の投下によって被爆した経験も持つ。彼が脊髄損傷という怪我を負ったのは十五歳のときだった。中学を卒業後に夜学に進学する希望が彼にはあったが、父親はそれを許さず、彼は学費を自ら貯めるために土木関係の仕事をしていた。怪我をしたのは一九五五年の秋、そのなかでゴルフ場の造成作業中に土砂崩れに遭ったためだった。

そして、三年後に彼が入所したのが、国立別府重度障害者センターであった。東京でのパラリンピックに出場したのは、例によって中村裕に声をかけられたからだ。

浜本は生前、怪我の後遺症で「火箸を当てられるような痛み」に苦しめられてきた。下肢麻痺となった境遇に絶望し、自殺をするためにナイフを持ち歩いていた時期もあったという。パラリンピックへの出場は、そのような彼を変えるきっかけの一つとなった。

浜本は車椅子バスケットボールの選手として東京での大会に出場した。彼が生前に残したメモによると、惨敗に終わったアメリカとの試合がやはり強く印象に残ったようだ。日本代表チームはアメリカとの試合に、日の丸の鉢巻きをして臨んだ。そのとき、彼は自分たちが特攻隊員になったように感じ、二十年前の戦争を思い出して悲壮な気持ちになったと振り返っている。

もう一つ、会場での出来事として強調して書き残されているのは、大勢の幼稚園児が観戦に訪れていた試合があったことである。引率の大人の中にバスケットボールに詳しい人がおり、熱のこもった声援を受けて胸が熱くなった。その試合を終えて会場を出たとき、多くの園児や女学生から選手たちはサインを求められた。彼らはたじたじになって、最後には自衛隊員に助けてもらったそうだ。

大会後、浜本はジャスティン・ダートの日本タッパーウェアの一員となった。そして、チームの解散後に大田化成という会社に就職すると、日本初の車椅子バスケットボールのクラブチーム「愛好クラブ」を作った。以後、全国に車椅子バスケットボールを根付かせるための活動を続け、車いすバスケットボール連盟の会長も長く務めた。

浜本はパラリンピック以後、障害者スポーツの普及を支えてきた上皇と上皇后の二人とも深い交流を持ち、美智子上皇后からは「浜ちゃん」と愛称で呼ばれた。

彼が上皇后に初めて会ったのは、東京パラリンピックの会場だった。開会式に出席した美智子妃（当時）は卓球や車椅子バスケットボールの試合を観戦し、それぞれの選手たちに声をかけた。その思い出は選手たちが持ち帰った誇りの一つとなっている。

美智子妃が会場の通路に初めて現れたとき、浜本は予期せぬ出来事に「この方が美智子妃殿下か――」としばらく実感が湧かなかった、と同じメモに書いている。だが、さらに驚いたのは、「そのまま通り過ぎていくのだろう」と思っていたところ、美智子妃が車椅子に乗る自分たちに話しかけ、握手をするような姿勢になったことだった。彼は自らの手のひらを見て、「試合をしたばかりで汚れている。どうしよう……」と思った、と振り返っている。

妻の恵子によれば、浜本が後に両陛下との交流を深めたのは、青少年赤十字の橋本祐子の存在が大きかったという。美智子妃と親交のあった橋本は、語学奉仕団の面々とともに大会後もパラリンピックの出場者たちに様々な支援を続けた。その彼女がとりわけ目をかけた一人が浜本で、就職先の大田化成も青少年赤十字による打診があって決まった。

浜本が愛好クラブを結成したのは一九六七年、タッパーウェアを退職した翌年のことだった。その背景には同じくパラリンピックに出場した菅牧夫からの提案もあったという。そのように再就職が決まると同時にチームを結成したのは、パラリンピックに出場したときから胸に秘めていた考えだったからだ、と恵子は話す。

「海外から来た選手を見て、浜本も思うところがあったようです。彼らは酒は飲むし、音楽もじゃんじゃんかけて、ダンスもしていた。一方で日本の選手はそれこそお通夜の晩みたいだった。そう言っていたことがありました。その光景を見たときから、何かを自分で立ち上げていこう、という気持ちを抱いたんだ、と」

ダートのチームが幻のように消えた後、日本の車椅子バスケットボールの歴史は、浜本の組織した愛好クラブやムサシノ電子工業のような企業チーム、さらには各地の労災病院や作業所に作られたチームに引き継がれた。彼はその普及活動の中心的な人物として活動し、やがてカリスマ的な存在になっていく。

現在の車椅子バスケットボールは、障害者スポーツの世界の花形の競技だ。井上雄彦《たけひこ》の漫画作品『リアル』の主題にもなり、全国大会はテレビでも中継される。浜本たちの普及活動は、日本における車椅子バスケットボールの源流とも言えるものだった。

日本でのクラブチームによる初めての競技大会は、一九七〇年にタッパーウェア時代にも利用された駒沢体育館で行なわれた。七チームが参加したこの「第一回車いすバスケットボール競技大会」で、浜本は実行委員を務めた。車椅子バスケットボールが全国身体障害者スポーツ大会の正式種目になったのは二年後の一九七二年。さらに三年後の一九七五年に、彼は日本車いすバスケットボール連盟を設立して会長に就任した。

「ビジネスは福祉じゃない」

今でも関係者の語り草になっているのは、立正佼成会《りっしょうこうせいかい》の体育館を借りて行なわれた第五回大会だ。このとき、初めて当時の皇太子と美智子妃が試合を観覧したからである。その日は皇太子夫妻の座る来賓席も用意したが、試合が始まってしばらくすると、二人は席を下りて控え選手たちの後ろまで来て、じっくりとゲームの成り行きを観戦した。

以来、二人は車椅子バスケットボールの大会をときおり観戦するようになるのだが、そのように会場を訪れるという行為そのものが、車椅子バスケットボールの黎明期をどれほど支える力となったかは計り知れない。

浜本を中心とする連盟では大会を開く際、会場のスロープ設置やトイレのバリアフリー化などを全て手弁当で自ら行ない、大会後はもとに戻すことを繰り返していた。会場探しは彼らにとって常に懸案事項で、「車椅子の車輪の痕がつく」「フロアに傷がつく」と難色を示されてばかりだった。そんななか、美智子妃という皇室の存在が、大きな助けになったのだと関係者は口をそろえる。

また、浜本は語学奉仕団やボランティア、同じ障害がある仲間たちから、生涯を通して慕われた人物だった。それは物静かでユーモアのセンスがある人であることも理由だったが、何よりも車椅子バスケットボールの普及に彼が自分の人生の全てを捧げていることを、周囲にいる誰もが理解していたからでもあった。

「日本語で『尊敬』と言ってしまうと、何か違う気がするんだけれど……。とにかくあの人は魅力的っていうのかな、何かを言われたら『分かった。やるよ』と言わざるを得ない気持ちになるの。そういうものを持っていた人なんだ」

連盟のスタッフの一人として寄付金集めをした山崎道男は、在りし日の浜本を思い出しながら言う。

また、愛好クラブで浜本のチームメイトだった上田裕彦の妻で、連盟の運営を手伝っていた上田義江は次のように彼の人柄を表現した。

「浜ちゃんは目配りの利く人でした。車椅子でバスに一人ひとり乗るとき、どんなに暑くても寒くても、いつも最後まで待っていた。それで、『これで全員か』と聞いてから自分が最後に乗る。そんな人だったんです」

彼らが最も苦労したのは、試合の度に必要な資金集めだった。例えば、山崎道男は一九六八年、開通したばかりの東名高速道路でバイク事故を起こし、頸椎を損傷して四肢麻痺となった。彼はバスケットボールの選手はできなかったが、タクシーの配車係の仕事をしながら連盟の仕事に携わり、杖をついて企業からの寄付を募って回った。

「当時は寄付をしてくれると言っても、一万円も貰えたら上等でしたね。だいたいは断られるか、『しょうがねえな』という感じで五千円くらい。押し売りみたいに企業の玄関に入っていくんだけれど、図々しくなければやっていられなかったなァ」

上田義江も言う。

「私は寄付金集めをするメンバーの中では、唯一の健常者だったんです。あの頃の企業のビルは階段だらけでしたから。車を出して、毎日、寄付集めで歩きました。でも、十軒回って八軒断られるという割合でしたね。『ビジネスは福祉じゃない』と言われてねえ。まるで『福祉』が悪いことのように言われて、追い返されるのも普通でしたから……」

なかには、「二〇二〇年のパラリンピック」を大々的に協賛していた企業も多いという。だから、彼女はそうしたテレビCMやパラリンピックの宣伝広告を見ると、当時を思い出して何とも言えない気持ちになると続けた。

「喜んでお金を出してくれる企業なんてもちろんありません。『障害者がバスケットなんてやるんですか』と言って、いくらか渡して帰ってもらえ、という雰囲気でしたから」

浜本は労災の認定を受けていなかったにもかかわらず、大田化成の給料の全てを実家への仕送りと連盟の活動費に充てていた。雨が降れば屋根から水が漏れてくるボロボロの中古車に乗り、有給休暇を消費して寄付金集めを続けた。後に癌が発見されて入院するようになってからも、車椅子バスケットボールに関する仕事には、医師の制止を振り切って参加した。

こうした浜本の生き方を知る人々の一人が美智子上皇后だった。いつしか浜本は上皇后から「浜ちゃん」と呼ばれるようになり、何かの催しで会った際は傍らで長く会話を交わした。車椅子バスケットボールの試合の観覧の際は、浜本が傍らに呼ばれ、試合の解説をした。

浜本が晩年に入院した際も、美智子皇后（現・上皇后）は彼を気遣い続けた。別府の「太陽の家」を両陛下が訪問したときもそうだった。二人は共通の知人に「浜本さんはお元気ですか」と必ず聞いたという。

「皇室の方々はいろいろな大会に来てくださいました。そんなとき、出迎えの際に車椅子の人は前に出されるでしょ。そこに浜本の姿を見つけると、美智子様は必ず『あ、浜ちゃん』と呼んで近くに来てくださるんです。でも、そうすると案内する方が困ってしまうのね。だから、浜本は美智子様が入って来られるときは、後ろの方に隠れるようにして待つようになったんですよ」

母の葬儀を終えて

今ではそう言って笑う妻の恵子は、癌の転移した浜本の病状がいよいよ悪くなっていた二〇〇八年三月、美智子皇后から次のような電話をもらったと言った。同じ月、浜本は朝日新聞社の主宰する「朝日社会福祉賞」を受賞し、病院から抜け出すように授賞式に参加していた。車椅子バスケットボールの試合やそれに関係する催しに参加する際、彼は医師が驚くほど元気な姿を見せたが、病院に戻るとその苦痛は過酷を極めていた。

「付きっ切りでお風呂に十日くらい入れなかったので、一度、家に戻ったときのことでした。留守電を聞いたら、三月末に両陛下がお茶をしたいと仰っている、というメッセージが皇室の方から入っていたんです。もう日にちがなかったので、人を介してお断りさせていただいたのですが……」

浜本宛に皇后からお見舞いの電話があったのは、そうして病院に戻った夜八時過ぎのことだったという。

「『失礼ですけれど、どなたですか』と声が聞こえ、『浜本の家内です。恵子です』と返事をしました。そうしたら、それが美智子様の私用の電話であることが伝えられ、『いま代わりますのでお話しください』と言われました」

彼女が自分の名前を名乗ると、皇后は「浜本さんはいかがですか」と彼の体をまずは気遣った。恵子は受話器をベッドにいる夫に渡した。だが、彼は懸命に何かを話そうとしたが、それがはっきりとした声になることはなかった。

恵子は再び電話を代わると、浜本の容体について説明した。皇后は食事についてとくに気にかけ、豆腐などの大豆を使った料理が消化に良いこと、塩分を控えめにすべきことなどを恵子に伝えたという。

都内の病院の個室に入院していた彼の体は、褥瘡と転移した癌で満身創痍の状態だった。医師は恵子に対して、すでに彼の命が尽きかけていることをかなり前から伝えていた。

浜本には同じように最期の時を迎えようとしている母親が、故郷である長崎にいた。だから、数か月前、恵子は医師にこう伝えたものだった。

「先生、大変申しわけないけれど、夫にはお母さんがまだいるんです。そうじゃなくても、息子が車椅子になって、どれだけ悲しかったか。だから、お母さんが亡くなりましたよ、と知らせがきた一秒あとでもいいから、それまでもたせてあげてほしいんです」

彼の母親が亡くなったのは、五月のことだった。彼女は医師の制止を振り切るようにして、新幹線で夫を母親の通夜へと連れて行った。

彼は癌の治療と褥瘡に苦しめられてきたが、これまでも入退院を繰り返しながら、医師を驚かせるような気力を見せてきた。母の葬儀に向かう旅も、彼女にとっては闘病のなかで乗り越えてきた一つの試練のようなものに感じられた。

そして浜本が亡くなったのは、それからひと月が経とうとしていた六月八日の早朝のことだった。その日、病室に寝泊まりしていた彼女は、看護師が長い時間をかけて痰を取り除いたのを確認した明け方、静かに寝息を立てて眠る彼の顔を見てから別室で休んだ。看護師が泣きながらやってきたのは、浅い眠りについたばかりの一時間後のことだった。

「それからのことはもう、よく覚えていないんです」

と、浜本の長い闘病を支えた彼女は言う。

ただ、多くの人が訪れた葬儀の際、供花の中にひときわ目を引く白菊の花が飾られていたことを覚えている。それは天皇・皇后両陛下から届けられたものだった。

「車椅子バスケットボールを日本に広めることが、浜本の生きるための水でありご飯であり、命だったのでしょうね」

私が会ったとき、恵子は夫についての全てを話し終えるとそのように語った。それもまた、一九六四年のパラリンピックから始まった一つの壮絶な人生であった。

パラリンピック出場時の浜本氏。
（提供：浜本恵子氏）

新章　義肢の一九六四以後

鉄道弘済会義肢装具サポートセンターの臼井二美男氏。（撮影：黒石あみ）

独白V「義足で新たな自分を手に入れてほしい」――臼井二美男の四十年

日本のスポーツ用義足の第一人者

鉄道弘済会義肢装具サポートセンターは、東京の南千住駅を降りてすぐの場所にある。事故や病気で手足を失った人たちに対して、義肢装具の製作や装着の訓練を一貫して提供する、民間では唯一のリハビリテーション施設だ。

このセンターで義肢装具士を四十年近くにわたって続けてきた臼井二美男《うすいふみお》は、日本におけるスポーツ用義足の第一人者として知られる人だ。国立競技場で行なわれた二〇二一年の東京パラリンピックの開会式では聖火ランナーも務めた。センターを訪れると、ユニフォーム姿の彼はにこやかに私を出迎えてくれた。

「この数十年で義足は大きな進歩を遂げてきました。そして、二十年に一度あるかないかのイノベーションとなったのが、一九八〇年代にアメリカで開発されたカーボンファイバーを使った義足です」

センターの三階には、日本で作られてきた義足や義手の歴史が展示されている。それを見ながら臼井は言った。

「それまでの木製の義足は、走ったりジャンプしたりすると、足首の部分が衝撃でどうしても折れてしまっていた。カーボンファイバーという素材が義足に使われるようになったことで、義足の人でも思い切ってスポーツができるようになったんですね。今はコンピュータの付いた義足の開発もされており、進歩が続いています」

臼井が同センターで働き始めたのは、二十八歳だった一九八三年。大学を中退後、それまで様々なアルバイトを転々としていた彼は、結婚を機に「ちゃんとした仕事に就こうと思った」と振り返る。そんななか、職業専門学校の案内を見て興味を惹かれたのが、義足製作の技術を学ぶ「義肢科」というコースだった。

「小学校六年生の時、担任の女性の先生が義足だったのを思い出したんです。その頃は障害について何の知識もありませんでしたが、仕事として『面白そうだな』と関心を持ったのが、この世界に入ったきっかけでした」

一九五五年生まれの臼井は、小学校四年生だった一九六四年の東京オリンピックを記憶している。しかし、パラリンピックが開かれていたことは「知らなかった」と振り返る。テレビ放送されたのは、オリンピックだけだったからだ。

一九六四年の東京パラリンピックに国立別府病院から出場した須崎勝巳が、大会後に「別府義肢製作所」に就職し、「太陽の家」の義肢製作部門を担っていたことはすでに述べた。須崎が携わった頃の義肢はスポーツに特化したものではなく、日常生活を送ることを目的としていた。

一九八九年、後に述べる経緯でスポーツ用義足に出会った臼井は、多くのパラアスリートを義足製作の面から支えてきた。換言すれば、一九六四年の東京パラリンピック後、スポーツ用義足の誕生までには二十五年以上を要したことになる。

また、臼井は義足の利用者にスポーツを楽しんでもらうため、切断者スポーツクラブ「スタートライン Tokyo」を作り、三十年以上にわたって月に一度の練習会を続けてもいる。そんな臼井は義肢装具士として、パラリンピックや障害者スポーツの意義をどのように見つめてきたのだろうか。臼井の言葉に耳を傾けよう。

二〇二一年の東京パラリンピック開会式

僕にとって、二〇二一年に開催された東京パラリンピックの開会式の光景は、非常に感慨深いものでした。新型コロナの流行で会場は無観客でしたが、例えば、聖火ランナーとして聖火を「トーチキス」する相手となった大日方邦子《おびなたくにこ》さんは、私が長く義足を作っていた人でした。

元チェアスキーヤーの大日方さんは、冬季パラリンピックに五大会連続（一九九四年のノルウェー・リレハンメル大会から二〇一〇年のカナダ・バンクーバー大会）で出場したパラアスリートです。アルペンスキー競技で合わせて十個のメダルを獲得しました。三歳のときに交通事故で右足を切断した彼女は左足にも機能障害があるため、普段は車椅子を使っています。彼女が義肢装具サポートセンターに来たのは中学生の頃ですから、すでに三十年くらいの付き合いです。彼女は義足で長距離を歩くことはないものの、チェアスキーでは雪の中をちょっと進まなければならないこともある。よって、そのための工夫や義足の調整もしてきました。開会式では聖火ランナーを務めることを内緒にしていなけ

二〇二一年のパラリンピック東京大会開会式。左奥が臼井氏、手前が大日方氏。（写真：時事）

ればならなかったので、会場で会ったときはお互いに驚いたものです。

それから、開会式では障害のある多くのダンサーが出演していましたよね。義手と義足のダンサーのキャロットyoshie.さん、リオ大会の閉会式でも演技をした大前光市《こういち》さん、それから、金色の義足で会場を走り回っていた青年は福田柚稀《ゆずき》くんといって、高校生の陸上の選手です。また、演出の中でぴかぴかに光るデコトラの上に乗って現れたのが、義足のモデルのGIMICOさんでした。GIMICOさんは義足のプロモデルとして、十五年ほど前に最初に活動を始めたんです。みんな義肢装具サポートセンターで義足を作ってきた人たちです。

人が義足になるということは、障害者になるということです。怪我や病気で足を失えば、誰もが精神的にも身体的にも欠落感を抱きます。義足はその心身のマイナスを少しでも元に戻そうとするものですが、それだけではなく、義足にかかわることで本人が以前にない自分を手に入れたり、新たな人生をそこから見つけ出していったりしてほしい。僕はそんな思いを持ちながら義足を製作し、患者さんたちにスポーツを勧めてきました。

長年、義足製作を続ける中で、担当したその患者さんたちが、ダンサーやモデルとしても活躍している。スポーツはもちろんのこと、様々な分野で活躍している彼ら、彼女たちがパラリンピックにかかわっている姿を見ながら、僕は義足が一つの個性として認められてきたことを実感したんですね。

アメリカ製の義足に出合う

僕が初めてカーボンファイバーを使った義足に出合ったのは、一九八九年に新婚旅行でハワイを訪れたときのことでした。せっかく来たのだから、外国の義足づくりを見ておこう、と思ったのです。そうして工場を訪れて見せてもらったのが、フレックスフッ

写真右側がフレックスフット社の「ウォークⅡ」。左側が従来型の木製の義足で、構造の違いが窺える。（撮影：黒石あみ）

ト社の「ウォークⅡ」という義足の足部でした。当時のスポーツ用義足は現在のように長さのある板バネではなく、足首の下の箇所だけがアヒルの足のように黒いカーボンでできていました。

あの頃は、義足で日常的にスポーツをする人が本当に少なかった時代です。僕の担当する患者さんには野球や卓球、剣道をしている人もいましたが、当時の義足ではそもそも思い切ってスポーツを楽しむことができなかったのです。剣道で打ち込みをバーンとやると、一度で義足が壊れてしまう。とりわけ「走る」という動きは難しく、継続的に力が加わると木材の踵《かかと》の部分がすぐに割れてしまいました。そうなると、義足が壊れるわけですから、翌日に仕事や学校に行けなくなる。義足の人がスポーツをするには大変な制約があったわけです。

だからこそ、それまで肌色で足の形をした木製の義足しか知らなかった僕は、何層にも重ねられたカーボンが折り曲げられた、黒い板の義足を見て非常に驚いたものです。聞けば、この義足はちょっと走ったくらいでは壊れないし、疲れも少ないという。やはりアメリカ人はすごいと思いましたね。発想の転換というか、従来の義足の形に囚《とら》われず、機能を生み出そうとする発想に衝撃を受けました。

一九八九年と言えば、僕が鉄道弘済会の義肢装具サポートセンターに就職して五年目のことです。就職した頃、同センターで働いているのは国鉄（当時）の労災事故で怪我をした人がほとんどで、見学に行った際に「この仕事は五体満足の人がやるものじゃないから、やめておけ」と言われたくらいでした。

でも、僕はすぐに義肢装具士という仕事に熱中しました。今は義肢装具士も一年目から型取りなどの経験を積んでいきますが、当時の現場には徒弟制度がまだまだ色濃く残っていて、仕事は先輩の技術を見て学ぶという雰囲気。とにかく指示された仕事をこなしながら、先輩の仕事を盗もう、どうしたら患者さんを任せてもらえるか、と思いながら必死に働いたものです。

例えば、先輩がいないとき、義足の修理に来た患者さんに一生懸命に対応すると、名前を覚えてもらえて次に指名してもらえる。最初の二年間は仕上げだけ、三年目にやっと型を取らせてもらえるという日々の中で、僕はモノづくりの面白さも感じ、「この仕事は自分に向いているかもしれない」と思うようになっていきました。ハワイでスポーツ用義足を初めて見たのは、そうした新人の時期を終え、ようやく義肢装具士として独り立ちした頃だったんですね。

木製からカーボンファイバー製へ

カーボンファイバー製の義足を開発したフレックスフット社は、バン・フィリップスという人が立ち上げた会社です。フィリップスは自分自身が下腿切断で義足を使っており、従来の義足で走ると足が痛くなってしまうことをなんとかしたい、という問題意識を持っていました。そんななか、アメリカで炭素繊維が工業の様々な分野で使われるようになり、同じ素材を義足に応用することを考えたそうです。

僕は日本でもこのタイプの義足を作りたいと思いました。五年間、義足製作を続ける中で、「義肢装具士には何かもっとできることがあるのではないか」という気持ちが深まっていたからです。また、帰国後に千葉県がんセンターに仕事をしに行ったとき、サラ・レイナートセンさんというアメリカの著名な義足のランナーが、大腿義足で全力疾走するビデオを見せてもらったことも、「日本人も義足でスポーツが思いっきりできたら、どんなに生活が豊かになるだろう」と思った大きな理由でした。

その頃はまだ文献もなく、日本でその義足を手に入れるのは難しかった。しかし、それから数年後、日本にもカーボンファイバー製の足部が入って来るようになりました。そこで最初は二十五万円くらいだったと記憶していますが、センターの研究費で同じタイプの義足を取り寄せてもらいました。

僕が「義足で走ること」の意味を強く実感したのは、アメリカやドイツの本に載っている写真を参考にして最初の試作品を完成させ、右足を太ももから切断している二十代の女性にそれを着けてもらったときのことでした。

四歳から義足を使っていた彼女にサラさんのビデオを見てもらってから、僕は「走ってみない？」とお願いしました。普段から自転車に乗ってセンターに来ていた彼女は、義足の扱いにも慣れていて、度胸もある人でした。

普段の義足で小走りに走ってもらった後、僕は緊張しながら試作品を使ってもらいました。すると、義肢装具サポートセンターの廊下を彼女はぽん、ぽん、ぽんという感じで、五歩くらい走ることができたのです。

そのとき目から涙が溢れ出した彼女の姿を、僕は忘れられません。彼女が義足を使い始めたのは四歳のときなので、二十年くらい「走る」という動きをしたことがなかったのですから。

以来、僕は自分の担当する患者さんにお願いして、試作品の改良を続けていきました。転んで怪我をしたら大変だと、職場の中には反対の声もありました。でも、二人、三人、四人とカーボンファイバー製の義足を使ってもらうと、誰もが最初は涙を浮かべるほど感動するのです。諦めていた動作、もうできないと思っていた動作ができるようになることが、どれほど義足を使う人たちにとっての喜びであるか――。

その瞬間を次々に目の当たりにしたとき、僕は「義足の人たちにこの機会を提供することは、義肢装具士の使命の一つだ」と考えるようになりました。そうして、僕はスポーツ用義足の開発にすっかり熱中するようになっていきました。

スキルの向上と健足の保護

従来の義足では足首の部分が折れてしまうような動きでも、たわんでエネルギーを吸収するカーボンは折れないし、バーンと足をついたときの痛みも少ない。ただ、そこで大事なのは、反発力のあるカーボンファイバーの板バネを使ったとしても、いきなり彼らが走れるようになるわけではないことです。

例えば、フレックスフット社に「モジュラーⅢ」というふくらはぎの部分からカーボンファイバーでできている義足がありました。こうした新しい義足を使いこなすには、ひざの角度の調整などを繰り返す必要がありますし、使う側にも粘り強い練習が必要でした。

普段の仕事の合間に患者さんに「やってみないか」と声をかけ、その人に付き添って義足を工夫して改良・調整していく。足の状態は全員が異なりますから、まず生活用義足を作り、その次の段階で「もう少し活動レベルの高いことをしませんか」と、順を追ってスポーツ用義足をはいてもらうようにする。スポーツ用義足の研究開発はその繰り返しでした。

ちなみに、近年、パラリンピックの競技を見ても分かる通り、義足のアスリートたちのレベルは格段に上がっていますよね。走り幅跳びではドイツのマルクス・レーム選手が八・七二メートルの世界記録を持つなど、オリンピック選手と比べても遜色ない記録の出る競技も出てきています（男子走り幅跳びの世界記録は、一九九一年にアメリカのマイク・パウエル選手が樹立した八メートル九五）。

そのなかで、「義足のあの板があるから記録を伸ばせているんだ」という声もありますが、現場でアスリートが記録を伸ばしていくプロセスを見ていると、決してそうではないことが分かります。

むしろ義足の選手のトレーニングでは、鍛えなければならないスキルが、オリンピッ

二〇一八年のジャパンパラ陸上競技大会で世界記録を樹立したマルクス・レーム選手。（写真：時事）

ク選手以上にあると言えると思います。

例えば、義足を使いこなすためのトレーニングでは、板バネへの体重のかけ方を繰り返し練習し、板を有効に使うスキルを鍛え上げていかなければなりません。ちょっとした角度でもジャンプや走りが大きく変わってしまうため、トップアスリートになればなるほど、筋力に合わせて僕らのような義肢装具士が板の厚みや長さ、角度を微妙に変えていく二人三脚の努力が必要です。

それからもう一つ大事なのは、義足のアスリートは残された健足を守る技術を同時に身に付けていく必要があることです。左足が義足の競技者であれば、右足に大きな負担がかかります。そうすると義足の能力がオーバーユースになることがあり、膝関節や足の裏の故障へとつながります。残された健足を故障させないように、義足で走ったりジャンプしたりするための体をつくるトレーニングは、非常に繊細で複雑なメニューとなるのは言うまでもありません。

競技用の義足ではあのカーボンの小さな面積に、体重の五倍の力が加わります。それをたわませる筋力、それに耐えられる痛くない義足や残された足のケア——。それらが複合的に合わさって初めて、競技での結果が生み出されているのですね。

パラアスリート誕生の連鎖

スポーツ用義足に出会った僕が、「パラリンピック」という大会に初めてかかわったのは、二〇〇〇年のシドニー大会に義足のメカニックとして参加したことでした。この大会には僕にとって印象深い二人の選手が出場しました。五歳の時に交通事故で右足を膝上から切断し、大腿義足になった古城《こじょう》暁博《あきひろ》くん。そして、高校の卒業間際に交通事故で右足を失った鈴木徹《とおる》くんです。

上写真が鈴木徹選手、左下が谷真海選手(以上、東京大会)。右下は古城暁博選手(シドニー大会)。三人とも臼井氏の義足で競技に挑んだ。(各写真：時事)

古城くんは東京パラリンピックの開会式に出ていた福田柚稀くんに義足での走り方を教えた人で、シドニー大会は陸上の百メートルに出場しました。鈴木徹くんは走り高跳びに出場し、その後、二〇二一年の東京大会まで六大会連続で代表選手としてパラリンピックに出場しました。走り高跳びの義足づくりは僕にとって初めての経験で、短距離用の義足で培った知識を動員しながら、それこそ二人三脚で「跳ぶための義足」を作っていきました。

こうした義足のパラアスリートが日本から登場すると、四年後のアテネでは、鈴木くんの姿を見て「走りたい」と言ってきた人がいました。アテネ、北京、ロンドンの三大会で走り幅跳び競技に出場し、二〇二一年の東京大会ではパラトライアスロンで出場した谷真海《まみ》選手（旧姓・佐藤）です。また、アテネ大会での谷選手を見て、今度は中西麻耶《まや》さんや高桑早生《さき》さんという陸上選手が出てくることになりました。

義足で走る選手の姿が、次に「走りたい」と思う人を生み出していく。そのなかで少しずつ選手の層も厚くなっていく。男子・女子の双方で義足のランナーやアスリートの存在が、そうしたつながりを生み出したことは嬉しかったですね。スポーツ義足の開発を始めて本当に良かったと思ったことの一つです。

血の通った義足を

ただ、僕がスポーツ用義足を作り続けてきたのは、アスリートを生み出すことが目的ではありません。僕が義肢装具士として第一のテーマとしているのは、あくまでも「血の通った義足を作る」という目標のために仕事をしていくことです。

人間の体は筋肉がついたり、痩せたり、汗をかいたりと変化します。だから、そのときぴったりだと思って作った義足も、一か月ほど経てば体の変化に合わせて調整が必要になります。そのなかで、いかに長くはいてもらえるような義足を作るか。その人の普段の生活、スポーツをやっている人なら筋肉の付き方など、一か月後や三か月後の体の変化を予測していくわけです。その上で、普段ははいていることを忘れていられるような、それくらい体の一部になるような義足を作りたいと、僕はいつも思っています。

そして、患者さんが痛みを感じず、早歩きくらいなら普通にできるくらいになったら、次の段階として「走る」というレベルの動きにもチャレンジしていくことを、「もうちょっと夢を追いませんか。僕が責任を持って義足を作ります」と勧めています。そうした信頼関係の先に、義足で競技に出るアスリートも生まれてくるのですね。

初めてカーボンの義足をはいて走った女性が涙を流したように、今でも義足づくりに伴走してきた患者さんが、段階を追って走れるようになったときは胸が詰まります。最初は「ヘルスエンジェルス」という名前で始めたスポーツクラブ「スタートラインTokyo」の活動も、その経験を一人でも多くの人にしてもらいたかったからでした。

月に一度の練習会を一九九一年から続けているこのクラブは、競技性ではなく「義足で走ること」自体が目的のものです。最初は五十メートル、次の目標は百メートル。その目標を持って集まり、後はパラリンピックを目指してもいいし、健康のために定期的に来てもいい。「義足で走る」という機会を作り、誰もがそれを楽しめる場所を作っていきたい。そんな思いで活動を続けています。

「スタートラインTokyo」の練習会には、子供から「三十年走ったことがない」というお年寄りまで、様々な義足の人たちがやって来ます。

そして、義肢装具士として義足づくりに携わったり、「走る」という動きができるように伴走したりしていると、実感することがあります。それは中村裕さんが言っていたように、今も「スポーツ」というものが障害のある人の「自立」と深く関係していることです。

事故や病気で足を欠損した患者さんと接していると、やはり障害を持ったことに深く傷ついていますし、未来に対して希望をなかなか抱けずにいる場合も多いのです。あるいは義足をはくことを「障害」として受け入れ、「自分にはできないんだ」と最初から諦めている人、スポーツなんて大嫌い、パラリンピックなんて一部の人のこと、と言う人ももちろんたくさんいます。

それでも僕が「走ってみませんか」と彼らをスポーツクラブに誘うのは、スポーツを始めたことで表情や気持ちが変化していく患者さんたちの姿を何度も見てきたからです。特に子供の場合は、一年もすると本人だけではなく親や周囲の大人たちが変わっていく。自立心が子供の中で育ち、周囲に前向きなエネルギーが発散されていく様子に接していると、スポーツというものの効能を本当に実感するのです。

事故や病気で足を失った人は、社会にどう適応していくかという不安を抱えます。その不安の背景には、障害者に対する社会の眼差しや歴史も大いに関係しています。義肢装具士である僕の立場からすれば、義足の人たちがそれを一つの個性として捉え、自信を持って生きていける社会であってほしい。パラリンピックの開会式がそうであったように、スポーツはもちろんのこと、様々な世界で堂々と活躍する人たちの存在そのものが、そんな社会を生み出していく上での力になるのだと思っています。

あとがき

自分は「パラリンピック」について何も知らない――。東京でのオリンピック・パラリンピックの開催が決まって以来、いつもそんな思いがあった。

東京で行なわれるパラリンピックをどのように見るのか。そのための確固たる視点が、今の自分の中にはない。パラリンピックをめぐる報道にときおり接しながら、そのことに心もとなさを覚えてきた。本書の取材を始めたのは、「パラリンピックはどこから来たのか」という原点を知ろうとする試みが、そんな自分にとっては何事かを意味するのではないか、という漠然とした思いがあったからだ。

そうして少しずつ知っていった「一九六四年のパラリンピック」をめぐる様々なエピソードは、私にとって驚きの連続だった。

当時は「患者」とされていた脊髄損傷の選手たちが、一部の医師の勧めによって競技場に集められたこと。パラリンピック開催の正式な決定はほんの一年前であり、彼らが競技のルールすらほとんど知らないまま大会に出場したこと。そして、後に「太陽の家」を設立する中村裕やグットマンといった個性的な医師たちや、語学奉仕団と皇室とのかかわり――。一九六四年のパラリンピックの物語に深く分け入れば分け入るほど、私はこれまで語られてこなかった戦後史の一端に触れているように感じた。

本書の取材を始めるきっかけとなった「二〇二〇」年の東京開催が決まって以来、いつの間にか自明のように使われるようになった「レガシー」という言葉がある。だが、一九六四年のパラリンピックはその場にいた関係者にとって、様々な「はじまり」であったことは本書に描いた通りである。彼らは「パラリンピック後」の日本社会に種のように播かれ、障害者スポーツや障害者福祉の分野で花を咲かせていった。彼らの話を聞きながら実感したのは、「一九六四年のパラリンピック」が、今も現在進行形で続いている「物語」であることだった。

そんななか、取材の過程で私の胸に生じ始めたのは、「パラリンピックの成功」とは何かという問いだった。

例えば、パラリンピックにかかわる政治家などの言葉を聞いていると、運営・興行的な面やバリアフリーのインフラ整備の推進を、その「成功」としてイメージする向きが多いように思った。だが、そんなとき、私は今も胸に響き続けているある光景を思い出す。それは箱根療養所からパラリンピックに出場した長谷川雅巳さんが、インタビューの終わり間近にこう語ったときのものだ。

「街の段差をなくしたり、エレベーターを設置したりというのは、もちろんありがたいことだ。でもね、僕らが本当に変わってほしいのはそこじゃない。もっと、こっちなんだ」

彼はそう語ると胸のあたりに手を触れたのだった。

長谷川さんの言葉は、一九六四年のパラリンピックに療養所から出場し、その後の日本における障害者の社会復帰の歴史を自ら体験してきた彼が、私に対して投げかけた重い問いかけだった。そして、それは「一九六四年のパラリンピック」という過去が未来に向けて、今なお発し続けている問いでもあるのではないか、とも思う。

一九六四年のパラリンピックは、当時の「社会」を色濃く映し出した大会だった。何より重要なのは、競技場にいた人々の心にそれが澱《おり》のように残って消えない体験となり、後に世の中を変革していく「当事者」たちを生んだところにあった。また、彼らの挑戦から六十年を経て障害者スポーツの認知度は上がり、臼井二美男さんが指摘したように、日本代表選手の活躍を見てパラリンピックを目指す選手も増えてきた。二〇二四年のパリ大会では、「車椅子テニス界のレジェンド」と呼ばれる国枝慎吾選手に憧れを抱いた小田凱《とき》人《と》選手が注目されるなど、今後もこうした連鎖は起きていくことだろう。

では、これからのパラリンピックは、私たちの生きる「今」の社会をどのように映し出すのか。そして、それは「大会後」の社会にどのような影響を与え、社会を変革していく人の力を生み出し得るのだろう。

この本を書き上げた今、私には今後のパラリンピックをそのように見ていきたいという気持ちがある。それこそが一九六四年のパラリンピックの物語が私に教えてくれた一つの「視点」だと感じているからである。

本書の取材では多くの方々のご協力を得た。まずは取材に応じてくださった関係者の皆様にお礼を申し上げます。とりわけ後藤章夫さん、北村昭子さん、齋藤明子さん、郷農彬子さん、吉田紗栄子さん、吹浦忠正さんには、貴重な資料の提供を受けるとともに、取材の過程で様々な助言をいただいた。また、別府市の「太陽の家」の取材では、故・中村裕医師の妻・廣子さんにお世話になった。

最後に単行本刊行時の担当編集者の柏原航輔さん、並びに新書版の担当者の間宮恭平さんには、本書の取材・執筆を様々な場面で支えていただいた。ここに記して感謝します。

稲泉　連

関連年表

一八九九年　ルートヴィヒ・グットマンがドイツにて生まれる。
一九二七年　中村裕が別府にて生まれる。
一九四四年　イギリスのストーク・マンデビル病院内に国立脊髄損傷科が開設される。
　　　二月　グットマンが国立脊髄損傷科長に就任する。
一九四八年　ストーク・マンデビル病院で入院患者による「ストーク・マンデビル競技大会」が開催される。
一九五九年四月　皇太子殿下と美智子様がご成婚。
一九六〇年一月　国立別府病院の整形外科医・中村裕が天児民和との共著『リハビリテイション』を上梓。
　　　五月　国立別府病院の整形外科医・中村裕がグットマンのもとを訪問する。
　　　九月　ローマで初めて国際ストーク・マンデビル競技大会（第一回パラリン

ピック）がオリンピックと同時開催される。このとき、渡辺華子が大会を観戦。

一九六一年八月　身体障害者スポーツ振興会が発足。

十月　第一回大分県身体障害者体育大会が開催される。

一九六二年四月　関係省庁や関係団体による代表者クラスの会議が開催される。

五月　国際身体障害者スポーツ準備委員会が結成される。

七月　第十一回国際ストーク・マンデビル競技大会に二名の日本代表選手を派遣。

一九六三年四月　国際身体障害者スポーツ大会運営委員会が発足。

七月　第十二回国際ストーク・マンデビル競技大会の場で次回大会の東京開催が正式に決定。

一九六四年四月　青少年赤十字による「語学奉仕団」の結成式が開かれる。

同月　運営委員会より各国に招待状を送付。

七月　身体障害者団体連合会による富士登山が行なわれる。

一九六五年　十一月　東京パラリンピック開催。
日本タッパーウェアの社長ジャスティン・ダートが、パラリンピック出場者を中心とした車椅子バスケットボールチームを作る。
十月　中村裕が別府に「太陽の家」を開所する。
一九六七年　日本タッパーウェアのチームが解散。
一九六八年十一月　第三回パラリンピックがテルアビブ（イスラエル）にて開催される。団長は葛西嘉資。
一九七〇年十一月　駒沢オリンピック公園体育館で第一回車いすバスケットボール競技大会が開催される。
一九七二年八月　第四回パラリンピックがハイデルベルク（西ドイツ）にて開催される。団長は中村裕。
一九七五年五月　日本車いすバスケットボール連盟が設立される。初代会長は浜本勝行。
六月　第一回極東・南太平洋身体障害者スポーツ大会（フェスピック）が

一九七六年八月　大分・別府にて開催される。
一九八〇年三月　第五回パラリンピックがトロント（カナダ）で開催される。団長は中村裕。
六月　グットマン死去。享年八十。
第六回パラリンピックがアーネム（オランダ）で開催される。団長は中村裕。
一九八一年　国際障害者年。
一九八四年七月　中村裕死去。享年五十七。
一九八九年　臼井二美男がスポーツ用義足の製作を開始する。
二〇〇〇年十月　シドニーパラリンピック開催。オリンピックと同一都市での開催が義務化される。
二〇二〇年三月　東京五輪・パラリンピックの「一年程度」の延期が発表。
二〇二一年八月　「東京パラリンピック二〇二〇」開催。

†本書は二〇二〇年三月に小社より刊行された『アナザー1964 パラリンピック序章』に新章を加筆し、改題した新書版である。

†提供者の記載がない写真の出典は『PARALYMPIC TOKYO 1964』

稲泉 連［いないずみ・れん］

1979年、東京都生まれ。早稲田大学第二文学部卒。2005年、『ぼくもいくさに征くのだけれど—竹内浩三の詩と死—』で大宅壮一ノンフィクション賞を受賞。主な著書に『復興の書店』『豊田章男が愛したテストドライバー』『「本をつくる」という仕事』『日本人宇宙飛行士』『サーカスの子』などがある。

パラリンピックと日本人《にほんじん》
アナザー1964

二〇二四年 八月六日 初版第一刷発行

著者 稲泉 連
発行人 三井直也
発行所 株式会社小学館
〒一〇一－八〇〇一 東京都千代田区一ツ橋二ノ三ノ一
電話 編集：〇三－三二三〇－五九五五
販売：〇三－五二八一－三五五五

印刷・製本 中央精版印刷株式会社

Printed in Japan ISBN978-4-09-825475-0
JASRAC 出 2405050-401